Tucholsky Wagner Zola Scott Sydow Freud Schlegel
Turgenev Fonatne
Twain Wallace
Walther von der Vogelweide Fouqué Friedrich II. von Preußen
Weber Freiligrath
Kant Ernst Frey
Fechner Weiße Rose von Fallersleben Richthofen Frommel
Fichte Hölderlin
Engels Fielding Eichendorff Tacitus Dumas
Fehrs Faber Flaubert
Maximilian I. von Habsburg Eliasberg Zweig Ebner Eschenbach
Feuerbach Fock Eliot
Ewald Vergil
Goethe Elisabeth von Österreich London
Mendelssohn Balzac Shakespeare Dostojewski Ganghofer
Lichtenberg Rathenau Doyle
Trackl Stevenson Hambruch Gjellerup
Mommsen Tolstoi Lenz Droste-Hülshoff
Thoma Hanrieder
Dach Verne von Arnim Hägele Hauff Humboldt
Reuter
Karrillon Rousseau Hagen Hauptmann Gautier
Garschin Baudelaire
Damaschke Defoe Hebbel
Descartes
Hegel Kussmaul Herder
Wolfram von Eschenbach Dickens Schopenhauer Rilke George
Bronner Darwin Melville Grimm Jerome
Campe Horváth Aristoteles Bebel Proust
Bismarck Vigny Barlach Voltaire Federer Herodot
Gengenbach Heine
Storm Casanova Tersteegen Grillparzer Georgy
Chamberlain Lessing Langbein Gilm Gryphius
Brentano Lafontaine
Strachwitz Claudius Schiller Kralik Iffland Sokrates
Bellamy Schilling
Katharina II. von Rußland Gerstäcker Raabe Gibbon Tschechow
Löns Hesse Hoffmann Gogol Wilde Vulpius
Gleim
Luther Heym Hofmannsthal Morgenstern
Roth Klee Hölty Goedicke
Heyse Klopstock Kleist
Luxemburg Puschkin Homer Mörike
La Roche Horaz Musil
Machiavelli Kierkegaard Kraft
Navarra Aurel Musset Kraus
Lamprecht Kind
Nestroy Marie de France Kirchhoff Hugo Moltke
Laotse Ipsen Liebknecht
Nietzsche Nansen Ringelnatz
Marx Lassalle Gorki Klett Leibniz
von Ossietzky May vom Stein Lawrence Irving
Petalozzi Knigge
Platon Pückler Michelangelo Kock Kafka
Sachs Liebermann Korolenko
Poe
de Sade Praetorius Mistral Zetkin

Der Verlag tredition aus Hamburg veröffentlicht in der Reihe **TREDITION CLASSICS** Werke aus mehr als zwei Jahrtausenden. Diese waren zu einem Großteil vergriffen oder nur noch antiquarisch erhältlich.

Symbolfigur für **TREDITION CLASSICS** ist Johannes Gutenberg (1400 — 1468), der Erfinder des Buchdrucks mit Metalllettern und der Druckerpresse.

Mit der Buchreihe **TREDITION CLASSICS** verfolgt tredition das Ziel, tausende Klassiker der Weltliteratur verschiedener Sprachen wieder als gedruckte Bücher aufzulegen – und das weltweit!

Die Buchreihe dient zur Bewahrung der Literatur und Förderung der Kultur. Sie trägt so dazu bei, dass viele tausend Werke nicht in Vergessenheit geraten.

Der Sang von Hiawatha

Henry Wadsworth Longfellow

Impressum

Autor: Henry Wadsworth Longfellow
Übersetzung: Ferdinand Freiligrath
Umschlagkonzept: toepferschumann, Berlin

Verlag: tredition GmbH, Hamburg
ISBN: 978-3-8424-9175-5
Printed in Germany

Rechtlicher Hinweis:
Alle Werke sind nach unserem besten Wissen gemeinfrei und unterliegen damit nicht mehr dem Urheberrecht.

Ziel der TREDITION CLASSICS ist es, tausende deutsch- und fremdsprachige Klassiker wieder in Buchform verfügbar zu machen. Die Werke wurden eingescannt und digitalisiert. Dadurch können etwaige Fehler nicht komplett ausgeschlossen werden. Unsere Kooperationspartner und wir von tredition versuchen, die Werke bestmöglich zu bearbeiten. Sollten Sie trotzdem einen Fehler finden, bitten wir diesen zu entschuldigen. Die Rechtschreibung der Originalausgabe wurde unverändert übernommen. Daher können sich hinsichtlich der Schreibweise Widersprüche zu der heutigen Rechtschreibung ergeben.

Text der Originalausgabe

Henry Wadsworth Longfellow

Übersetzung von Ferdinand Freiligrath

(Aus: Gesamtwerk, Band 9)

Der Sang von Hiawatha

1857

TO
HENRY WADSWORTH LONGELLOW
THIS TRANSLATION
OF
"THE SONG OF HIAWATHA"
IS INSCRIBED

BY HIS SINCERE FRIEND AND ADMIRER
F: FREILIGRATH.

Vorwort des Übersetzers

Der Gedanke meines berühmten Freundes, den Sagenschatz der Ureinwohner seiner Heimat in einem Gedichte epischen Gepräges zusammenzufassen, hat sich in überraschender Weise glücklich und erfolgreich erwiesen. »Der Sang von Hiawatha« erschien zuerst im Oktober 1855, und ein halbes Jahr später, im April 1856, hatte die Bostoner Originalausgabe bereits dreißig Auflagen, jede von tausend Exemplaren, erlebt, der in England veranstalteten, ebenfalls mehrmals aufgelegten Editionen nicht zu gedenken. Die Wirkung des Gedichts nach allen Seiten hin war die außerordentlichste. Anerkennende und absprechende Beurteilungen überstürzten sich; das Metrum, fremd wie es dem angelsächsischen Ohre klang, gab Anlaß zu literarischen Fehden; Parodien (zwei davon ganze Bücher) und Nachahmungen legten Zeugnis ab für die der Dichtung innewohnende lebenweckende Kraft; Schoolcraft, der gelehrte Kenner des Indianertums, stellte die in seinen verschiedenen Werken zerstreuten indianischen Sagen in einem besondern, dem Dichter des »Hiawatha« gewidmeten Bande zusammen;[1] von einem der ersten Schiffswerfte Bostons wurde ein prächtiger Dreidecker, die »Minnehaha«, vom Stapel gelassen; Vorleser und Vorleserinnen beeiferten sich, die weichen Verse und die harten Eigennamen des Gedichts vor zahlreichen und glänzenden Auditorien zur Geltung zu bringen: Künstler von Rang illustrierten Szenen aus »Hiawatha«; und die vorliegende ist bereits die zweite deutsche Übersetzung.

Ein gut Teil dieser mannigfachen Erfolge ist gewiß dem Umstände zuzuschreiben, daß das Gedicht *neu* war, – neu dem Stoffe und (für Amerika und England wenigstens) auch so gut wie neu der Form nach. Der Urwald und die Steppe waren bisher tot und seellos gewesen; die vor dem Gange der Zivilisation nach Westen flüchtende Rothaut, glaubte man, konnte sie nur mit den Rufen der Jagd oder des Krieges erfüllen; ein höheres Interesse schien sich den ursprünglichen Zuständen dieser »Völkernatur« nicht abgewinnen zu lassen. Das Poetische darin, das bei uns schon vor sechzig Jahren Schillern anwehte, und ihn zu seiner »Nadowessischen Totenklage«

---

[1] The Myth of Hiawatha, and other oral Legends mythologic and allegoric, of the North American Indians, By Henry R. Schoolcraft, LL. D. Philadelphia: Lippincott. London: Trübner. 1856

begeisterte, wurde von den nächsten Erben des roten Mannes nicht erkannt, oder gelangte wenigstens nicht zum künstlerischen Ausdruck bei ihnen. Was der Art bei Schoolcraft, Catlin und andern sich findet, war lange Zeit hindurch ein ungehobener Schatz. Da kam ein Dichter und bemächtigte sich des bereit liegenden rohen Stoffes, hauchte ihm eine Seele ein, machte ihn lebendig. Der Urwald war jetzt nicht mehr öde. Der Geist des Menschen, nicht auf Mord und Zerstörung bedacht, nein, still und sinnig schaffend und den Gang seiner Entwicklung in kindlichen Hervorbringungen, in Bild und Sage, wiederspiegelnd, trat uns aus ihm entgegen. So ist das Gedicht ein humanistisches und doch auch wieder ein spezifisch amerikanisches, – ebenso amerikanisch, wie die »Evangeline« des Dichters, jenes reizende Bild altkanadischen Kolonistenlebens. Longfellow, kann man wohl sagen, hat den Amerikanern, in der Poesie, Amerika erst entdeckt. Kein Wunder, daß sie dem Entdecker zujauchzten, und ihm dankbar in seine Wälder nachschritten!

Dann ließ man sich auch durch die Form des Gedichtes überraschen und gefangen nehmen. Man hielt sie für durchaus neu; man glaubte, der Dichter habe sie selbst geschaffen, – ein Irrtum, in den gelegentlich sogar die Kritik verfiel, und der durch die Kenner erst berichtigt werden mußte. Denn allerdings ist diese Form eine entlehnte, – wenn auch eine so passende, eine der Eigenartigkeit des Stoffes so ganz und gar entsprechende, daß eine neue, gleich gemäße, zu erfinden, selbst einem Meister der Sprache und des Verses, wie Longfellow, schwer gewesen sein möchte. Finden, in solchen Fällen, gilt manchmal ebensoviel als Erfinden. Longfellow, indem er seine amerikanischen Sagen, mit geringen Modifikationen, in das analoge Gewand der finnischen Runen kleidete, verfuhr mit einer Umsicht und einem Feingefühl, die wir bewundern müssen. Er hätte nun freilich den »Sang von Hiawatha«, statt eine indianische Edda, richtiger eine indianische Kalewala genannt; doch wollen wir *deswegen* nicht mit ihm streiten.[2]

---

[2] Meine Gründe für die Behauptung, daß die Form des »Hiawatha« den Trochäen der finnischen Runen, und nicht etwa den trochäischen Dialogassonanzen der Spanier nachgebildet sei, habe ich bereits an einem andern Orte (Athênacum, No. 1470, vom 29. Dezember 1855) entwickelt. Ich trage dem dort Gesagten hier noch zweierlei nach; einmal: daß Longfellow, ohne die Alliteration der Runen durchzuführen, sich derselben dennoch gelegentlich mit

Ob sich der Dichter, außer in der Form, nicht auch zuweilen in der Sache durch sein Vorbild hat anregen lassen, möchte schwer zu entscheiden sein. Im ganzen, darf man wohl annehmen, hat er uns die indianische Tradition treu und ohne Beimischung fremder Elemente wiedergegeben; und auch da, wo er von seinem Eigenen dazutun mußte, um die lose umherflatternden Fäden zu einem einigen Ganzen zusammenzuschürzen, ist er mit Mäßigung und künstlerischem Takt zu Werke gegangen. Bedenklich dürfte in dieser Hinsicht nur der Schluß des Gedichtes scheinen, insofern er Sage und Geschichte fast allzu schroff und unvermittelt sich berühren läßt. Hiawatha, der Sohn des Westwindes, der Enkel der aus dem Monde herabgefallenen Nokomis, schüttelt plötzlich den französischen Missionären des siebzehnten Jahrhunderts die Hand! Wie ungleich mehr im Geist der Sage ist dasselbe kulturhistorische Moment, das Hereinbrechen des Christentums, in der Kalewala angedeutet!

In dem Pantheon der Weltpoesie, an dem wir seit Herder fort und fort bauen in unserer Literatur, durfte, meines Erachtens, der »Sang von Hiawatha« nicht fehlen. Ich entschloß mich drum gleich nach dem Erscheinen des Gedichts zu einer Übersetzung desselben, und sandte bereits im Dezember v.J. einige Bruchstücke meiner Verdeutschung (ungefähr ein Drittel des Ganzen) an das Morgenblatt ein. Im darauf folgenden Mai war die Übersetzung, wie sie jetzt vorliegt, druckfertig. Von den zahllosen Ausgaben des Originals ist ihr die erste, gleichzeitig mit dem Bostoner ersten Druck in England erschienene (London bei Bogue), zugrunde gelegt, doch sind verschiedene kleine Änderungen und Verbesserungen des Dichters in späteren Auflagen (sie betreffen zumeist nur die Quantität des einen oder andern indianischen Wortes) gewissenhaft berücksichtigt worden. Hoffentlich wird meine Arbeit auch nach der meines Vorgängers (die ich übrigens bis jetzt nur durch Buchhändleranzeigen kenne) sich Freunde zu erwerben wissen.

Vorliebe bedient (worin ihm meine Übersetzung möglichst zu folgen bemüht ist;) – und dann: daß das zweite charakteristische Attribut der finnischen Volkspoesie, der (von Longfellow konsequent in Anwendung gebrachte) Parallelismus, sich merkwürdigerweise auch in den indianischen Idiomen angedeutet findet. (Vergl. Anmerkung 14.)

Wer sich durch das Gedicht zu einem nähern Studium der indianischen Sage hingezogen fühlen möchte, kann sich keinem bessern, wissenschaftlichen Führer anvertrauen, als I. G. Müllers trefflicher, selbst in Amerika als Autorität anerkannter »Geschichte der amerikanischen Urreligionen«. – Noch glaube ich bemerken zu müssen, daß die in der Dichtung vorkommenden indianischen Wörter, nach einer brieflichen Mitteilung Longfellows an mich, sämtlich der tschippewäischen Sprache angehören, mit Ausnahme lediglich einiger Eigennamen. So sind die Namen »Minnehaha« und »Unktahee« aus der Dacotahsprache; »Hiawatha« ist irokesisch.

London, Oktober 1856,
F. Freiligrath

Der Sang von Hiawatha

Einleitung

Der Sang von Hiawatha. – Diese indianische Edda – wenn ich das Gedicht so nennen darf – beruht auf der Indianertradition von einem Helden von wunderbarer Geburt, der den Eingeborenen Nordamerikas zugeschickt wurde, um ihre Ströme, Wälder und Fischgebiete zu klären, und sie in den Künsten des Friedens zu unterweisen. Er war den verschiedenen Stämmen unter den verschiedenen Namen Michabou, Chiabo, Manabozho, Tarenhawagon und Hiawatha bekannt. Schoolcraft berichtet über ihn in seinen » *Algic Researches*«, T. I, S. 184; – und in seinem Werke » *History, Condition, and Prospects of the Indian Tribes of the United States,*« T. III, S. 314, kann man die irokesische Version der Sage nachlesen, wie sie nach den mündlichen Erzählungen eines Onondaga-Häuptlings aufgezeichnet wurde. In diese alte Überlieferung habe ich andre interessante Indianersagen verflochten. Die meisten von ihnen sind den wertvollen Werken Schoolcrafts entnommen, dessen unermüdlicher Eifer, den Sagenschatz der nordameritanischen Indianer der Vergessenheit zu entreißen, nicht dankbar genug anerkannt werden kann. Der Schauplatz des Gedichts ist bei den Tschippewäern auf dem südlichen Ufer des Oberen Sees, in der Gegend zwischen den Bemalten F«lsen und dem *Grand Sable*

> Fragt ihr mich vielleicht, von wannen
> Diese Märchen, diese Sagen,
> Voll vom Dufte sie des Waldes,
> Voll vom Dunst und Tau der Wiesen,
> Voll vom steigenden Rauch der Wigwams,
> Voll vom Rauschen großer Ströme,
> Voll von steter Wiederholung,
> Voll von wildem Hall und Rückhalt,
> Wie des Donners in den Bergen?
>
> Geb' ich Antwort, sprech' und sag' ich:
> »Aus den Wäldern und den Steppen,
> Von den großen Seen des Nordlands,
> Aus dem Land der Tschippewäer,

Aus dem Lande der Dacotahs,
Aus den Bergen, Mooren, Sümpfen,
Wo der Reiher, der Shuh-shuh-gah,
Nahrung sucht in Busch und Röhricht!
Wiedergeb' ich sie getreulich.
Wie vom Munde Nawadahas,
Wie vom Mund des süßen Singers,
Selber ich vordem sie hörte!«

Fragt ihr mich, wo Nawadaha
Diese Lieder, wild und wirblig,
Diese Sagen denn gefunden,
Geb' ich Antwort, sprech' und sag' ich:
»In des Waldes Vogelnestern,
In dem Hüttenbau des Bibers,
In des Büffelochsen Hufspur,
In dem Felsenhorst des Adlers!

»Sangen alle wilden Vögel
Sie ihm vor in Moor und Marschland,
In den traurigöden Sümpfen.
Chetowaik, der Kibitz, sang sie,
Mahng, der Taucher, ließ sie hören.
Sang die Wildgans sie, die Wawa,
Samt dem blauen Reih'r, Shuh-shuh-gah,
Und dem Moorhuhn, Mushkodasa!«

Fragt ihr mich vielleicht dann ferner,
Sprechend: »Wer war Nawadaha?
Meld' uns doch von Nawadaha!«
Geb' ich Antwort euren Fragen
Stracks in Worten, wie sie folgen:

»In dem Tal von Tawasentha,
In dem grünen stillen Talgrund,
Bei den lust'gen Wasserströmen,
Sang der Singer Nawadaha.
Um das Indianerdörfchen
Grünte Wiese rings und Kornfeld,
Jenseits aber hob der Forst sich.
Standen Haine singender Tannen,

Grün im Sommer, weiß im Winter,
Immer seufzend, immer singend.

»Und dem Lauf der lust'gen Ströme
Mochtet weit durchs Tal ihr nachspähn:
Kanntet Frühlings ihn am Rauschen,
Sommers ihn an seinen Erlen,
Herbsts an seinem weißen Nebel,
Winters an dem schwarzen Striche;
Dort war's, daß der Singer wohnte,
In dem Tal von Tawasentha,
In dem grünen stillen Talgrund.

»Dort von Hiawatha sang er,
Sang den Sang von Hiawatha,
Sang sein wunderbar Entstehen,
Sang sein wunderbares Wesen,
Wie er fastete und flehte,
Wie er lebte, litt und schaffte,
Daß die Stämme glücklich wären,
Daß sein Volk er vorwärts brächte!«

Ihr, die ihr die stillen Orte
Der Natur liebt, die verschwiegnen,
Liebt den Sonnenschein der Wiese,
Liebt die Finsternis des Forstes,
Liebt den Wind hoch in den Ästen,
Liebt den Schauer und den Schneesturm,
Liebt das Rauschen großer Ströme
Durch ihr Pfählewerk von Tannen,
Und den Donner in den Bergen,
Dessen unzählbare Halle
Freudig schlagen mit den Flügeln,
Wie in ihren Horsten Adler; –
Lauscht auf diese wilden Mären,
Diesen Sang von Hiawatha!

Die ihr liebt der Völker Sagen,
Liebt die Lieder eines Volkes,
Die wie Stimmen aus der Ferne
Lauschend stillzustehn uns rufen,

Deren Ton so schlicht und kindlich,
Daß das Ohr kaum unterscheidet,
Ob Gesang sie sind, ob Rede: –
Lauscht auf diese Rothautsage,
Diesen Sang von Hiawatha!

Ihr mit Herzen frisch und einfach,
Die ihr Gott und die Natur liebt,
Die ihr glaubt: Zu allen Zeiten
Ist das Herz des Menschen menschlich;
Glaubt: sogar in wilden Herzen
Ist ein Sehnen, Trachten, Ringen
Nach dem unverstandnen Guten;
Und die Hände, schwach und hilflos,
Suchend, tappend blind im Dunkeln,
Fassen Gottes Hand im Dunkeln,
Die empor sie zieht und kräftigt: –
Lauscht auf diese schlichte Weise,
Diesen Sang von Hiawatha!

Ihr auch, die ihr oft – auf Gängen
Durch des Feldes grüne Steige,
Wo verworrne Beerenbüsche
Hängen ihre Scharlachtrauben
Über moosgrau Steingemäuer, –
Ihr, die ihr dort manchmal stillsteht
Irgendwo bei einem Kirchhof,
Der verwaist liegt und verwahrlost,
Stille steht, um still zu sinnen
Über halberloschner Inschrift,
(Wenig Sangkunst sie verratend,
Schlecht und recht, doch jeder Buchstab
Voll von Herzeleid und Hoffen,
Voll des ganzen süßen Schmerzes
Um das Jetzt und das Nachdiesem):
Weilt, lest diese rauhe Inschrift,
Lest den Sang von Hiawatha!

I

Die Friedenspfeife.

Auf den Bergeshöhn der Steppe
Auf dem großen roten Steinbruch,
Großen roten Pfeifensteinbruch,
Gitche Manito, der Mächt'ge,
Er des Lebens Herr, sich senkend,
Auf des Steinbruchs roten Klippen.
Aufrecht stand er, rief die Völker,
Rief die Stämme rings der Menschen.

Floß ein Fluß aus seinen Stapfen,
Sprang hinaus ins Licht des Morgens,
Glomm, sich übern Abhang stürzend,
Gleichwie Ishkoodah, der Bartstern.
Und der Geist, sich neigend erdwärts.
Auf der Wiese mit dem Finger
Zog er ihm gewundnen Pfadweg,
Sprechend: »Den Weg sollst du laufen!«

Aus dem roten Stein des Steinbruchs
Mit der Hand brach er ein Stück sich,
Formt' es um zum Pfeifenkopfe,
Schmückt' es bildend mit Gestalten;
Nahm zum Pfeifenschaft ein langes
Schilfrohr sich vom Rand des Flusses, .
Mit den grünen Blättern dran noch;
Füllete sodann die Pfeife
Mit des Weidenbaumes Borke,
Mit dem Bast der roten Weide;

Hauchte auf den Forst, den nahen.
Ließ sich reiben seine Äste,
Bis in lichte Flamm' er ausbrach;
Und auf den Gebirgen, aufrecht,
Gitche Manito, der Mächtige,

Rauchte nun das Calumet, die
Friedenspfeife, als ein Zeichen
Rings den Stämmen, rings den Völkern.

Hub der Rauch sich langsam, langsam,
Durch die stille Luft des Morgens,
Erst ein einz'ger Strich, ein dunkler,
Dann ein Dampfen, dichter, blauer.
Dann schneeweiße Wolk' entfaltend.
Wie des Forstes Baumeswipfel,
Immer steigend, steigend, steigend,
Bis den Himmel er berührte.
Bis am Himmel er sich brach, und,
Rund umrollend ihn, hinausfloß.

Von dem Tal von Tawasentha,
Von dem Tale von Wyoming,
Von den Hainen Tuscaloosas,
Von dem Felsgebirg, dem fernen,
Von des Nordens Seen und Strömen
Sahn die Stämme rings das Zeichen,
Sahn den Rauch sich heben, ihn der
Friedenspfeife Rauch, Pukwana.

Und die Seher rings der Völker
Sagten: »Seht ihn, den Pukwana!
Durch dies Zeichen aus der Ferne,
Biegsam es wie Weidengerte,
Wallend es wie Hand, die winket,
Ruft den Stämmen, sich zu sammeln,
Ruft in seinen Rat die Krieger
Gitche Manito, der Mächt'ge!«

Ab die Flüsse, durch die Steppen,
Kamen da der Stämme Krieger,
Kamen Delawaren, Mohawks,
Kamen Choctaws und Camanchen,
Kamen Shoshonies und Schwarzfüß',
Kamen Pawnees und Omawhaws,

Kamen Mandans und Dacotahs,
Tschippewäer und Huronen,
Alle, alle sie gerufen
Durch der Friedenspfeife Zeichen
Zu den Bergeshöhn der Steppe,
Zu dem roten Pfeifensteinbruch.

Standen sie dort auf der Wiese,
Angetan mit ihren Waffen,
Bunt gemalt wie Laub im Herbste,
Bunt gemalt wie Morgenhimmel,
Grimmig aufeinander starrend;
Im Gesichte Trotz und Fordrung,
In der Brust die alten Fehden,
In der Brust den alten Erbhaß,
Angestammten Durst nach Rache.

Gitche Manito, der Mächt'ge,
Er der Schöpfer aller Völler,
Blickt' auf sie herab mit Mitleid,
Väterlich mit Lieb' und Mitleid:
Blickt' auf ihren Grimm, ihr Hadern,
Wie auf Zank nur zwischen Kindern,
Wie auf Streiten nur von Kindern.

Über sie die Rechte streckt' er,
Ihren Starrsinn zu bewält'gen,
Ihren Fieberdurst zu lindern
Mit dem Schatten seiner Rechten:
Sprach mit majestät'scher Stimme
Wie das Brausen ferner Wasser,
Niederfallend in den Abgrund,
Warnte, schalt, sprach solchermaßen:

»O ihr meine armen Kinder!
Lauschet nun dem Wort der Weisheit,
Lauschet nun dem Wort der Warnung,
Von des großen Geistes Lippen,
Der euch schuf, vom Herrn des Lebens!

»Gab ich Land euch, drauf zu jagen.
Gab ich Ström' euch, drin zu fischen,
Gab ich euch den Bär, den Bison,
Gab ich euch das Reh, das Renntier,
Gab ich Biber euch und Schneegans,
Füllt' ich euch den Sumpf mit Vögeln,
Füllt' ich euch den Strom mit Fischen;
Was denn seid ihr nicht zufrieden:
Was denn jagen wollt' ihr selbst euch?

»Müde bin ich eurer Fehden,
Müde eures Blutvergießens,
Müde eures Flehns um Rache,
Eures Haders, eurer Zwiste;
Eure Stärke ist die Eintracht,
Was euch fährdet ist die Zwietracht:
Haltet Friede drum von nun an,
Und als Brüder lebt zusammen!

»Will ich senden euch 'nen Seher,
Einen der die Völker rettet,
Der euch führen soll und lehren,
Für euch schaffen, mit euch leiden.
Wenn ihr hört auf seinen Ratschlag,
Sollt ihr fruchtbar sein und glücklich;
Wenn sein Warnwort ihr nicht achtet,
Schwinden sollt ihr und zu Grund gehn!

»Badet nun im Strome vor euch;
Kriegesfarbe nun vom Antlitz,
Tropfen Bluts wascht von den Fingern;
Keulen nun begrabt und Waffen;
Brecht im Steinbruch hier den Rotstein,
Formt ihn um zu Friedenspfeifen;
Nehmt das Schilf, am Flusse wachsend,
Schmückt's mit euren schönsten Federn;
Raucht das Calumet zusammen,
Und als Brüder lebt von nun an!«

Warfen von sich da die Krieger
Ihre zottigen Hirschfellmäntel,
Ihre Waffen und ihr Kriegszeug,
Sprangen in des Flusses Rauschen,
Wuschen ab die Kriegesfarbe.
Über ihnen floß das Wasser
Klar und lauter von den Stapfen
Niederwärts des Herrn des Lebens;
Unter ihnen floß das Wasser
Trüb und schmutzig, purpurstreifig,
Als ob Blut sich mit ihm mischte!

Kamen aus dem Fluß die Krieger,
Rein von aller Kriegesfarbe;
Gruben ein auf seinen Ufern
Ihre Keulen, all' ihr Kriegszeug.
Gitche Manito, der Mächt'ge,
Er, der große Geist, der Schöpfer,
Sah mit Lächeln seine Kinder!

Und in Schweigen aller Krieger
Brachen roten Steinbruchs Rotstein,
Formten ihn zu Friedenspfeifen,
Brachen langes Rohr am Flusse,
Schmückten es mit schönsten Federn,
Und verzogen jeder heimwärts,
Während, in die Höhe steigend,
Durch den Riß des Wolkenvorhangs
Ihren aufgehobnen Augen
Sich entzog der Herr des Lebens
In dem Rauch, der ihn umrollte,
Im Pulwana seiner Pfeife.

II

Die vier Winde.

»Ehre sei dem Mudjekeewis!«
War der Krieger Ruf, der Alten,
Als er im Triumph kam heimwärts
Mit dem heil'gen Wampumgürtel,
Aus den Gegenden des Nordwinds,
Aus dem Königreich Wabassos,
Aus dem Land des Weißkaninchens.

Stahl er dort den Wampumgürtel
Von dem Halse Mishe-Mokwas,
Von der Berge großem Bären,
Ihm dem Schrecken rings der Völker,
Als er schlafend lag und wuchtig
Auf dem Gipfel des Gebirges,
Wie ein Fels mit Moosen auf ihm,
Braun und grau gefleckt mit Moosen.

Leise schlich er nah heran sich,
Bis des Untiers rote Nägel
Ihn berührten fast und scheuchten,
Bis der heiße Hauch der Nüstern
Mudjekeewis' Hände wärmte,
Als er zog den Wampumgürtel
Über die Ohren, die nicht hörten,
Über die Augen, die nicht sahen,
Über Nase lang und Nüstern,
Über Maul und schwarze Schnauze,
Draus das heiße, schwere Atmen
Mudjekeewis' Hände wärmte.

Hoch dann schwang er seine Kriegskeul',
Jauchzte laut und lang den Kriegsruf,
Traf den mächt'gen Mishe-Mokwa,

Traf ihn mitten auf die Stirn hin,
Traf ihn zwischen beide Augen.

Ganz verwirrt vom wuchtigen Schlage
Fuhr empor der Bär der Berge,
Doch ihm zitterten die Knie,
Und er wimmerte wie Weiber,
Als er taumelnd schwankte vorwärts,
Als er saß auf seinen Schenkeln;
Und der mächt'ge Mudjekeewis,
Furchtlos stehend vor dem Grimmen,
Höhnt' ihn, schmäht' ihn lauten Spottes,
Sprach verächtlich solchermaßen:

»Hör' du, Bär, du bist ein Feiger,
Bist kein Tapfrer, wie du vorgabst;
Würdest sonst nicht schrein und wimmern,
Wie ein Weib, ein elendarmes!
Feind, Bär, sind sich unsre Stämme;
Lang, du weißt es, führten Krieg wir;
Findend jetzt, daß wir die Stärksten,
Gehst und birgst du dich im Forste,
Ja, verkriechst dich in den Bergen!
Hättest du mich überwunden,
Nicht ein Stöhnen auch vernähmst du;
Doch du sitzest hier und winselst,
Schändest deinen Stamm durch Heulen,
Wie ein schlechter Shaugodaya,
Wie ein altes Weib, ein feiges!«

Wieder dann hob er die Kriegskeul',
Noch einmal den Mishe-Mokwa
Mitten auf die Stirn hin traf er,
Brach den Schädel ihm, wie Eis bricht,
Wer da fischen geht im Winter.
So erlegt ward Mishe-Mokwa,
Er, der große Bär der Berge,
Er, der Schrecken rings der Völker.

»Ehre sei dem Mudjekeewis!«
Rief das Volk einstimmigen Jauchzens,
»Ehre sei dem Mudjekeewis!
Von nun an sei er der Westwind,
Und nach diesem und für immer
Halt' er in der Hand die Herrschaft
Über die Winde rings des Himmels!
Heißt ihn nicht mehr Mudjekeewis,
Heißt ihn Kabeyun, den Westwind!«

So gewählt ward Mudjekeewis
Zu der Himmelswinde Vater.
Für sich selbst behielt den West er,
Gab die andern seinen Kindern;
Gab in Wabuns Hand den Ostwind,
Gab den Süd dem Shawondasee,
Und den Nordwind, wild und grausam,
Grimmigem Kabibonokka.

Jung und schön zu sehn war Wabun;
Er war's, der den Morgen brachte,
Er war's, dessen Silberpfeile
Jagten vor sich her das Dunkel;
Er war's dessen Wange glühte,
Licht bemalt mit Scharlachstreifen;
Er, auch der das Dorf erweckte,
Rief dem Hirsch und rief dem Jäger.

Einsam doch am Himmel weilt' er;
Sangen ihm auch froh die Vögel,
Füllten auch der Wiese Blumen
Rings die Luft für ihn mit Wohlhauch,
Jauchzten Wälder auch und Flüsse
Singend auf bei seinem Kommen, –
Immer traurig war sein Herz doch,
Denn allein am Himmel weilt' er.

Eine Früh' doch, blickend erdwärts,
Als das Dorf noch schlief und träumte,

Und der Nebel auf dem Fluß lag,
(Wie ein Geist, der sich davon macht
Morgens, wenn aufgeht die Sonne,)
Sah er eine Jungfrau, wandelnd
Ganz allein auf einer Wiese,
Rohr und Wasserlilien pflückend
An dem Fluß tief auf der Wiese.

Jeden Morgen, blickend erdwärts,
Stets das erste, was er sah dort,
Waren ihre blauen Augen,
Seiner harrend, zu ihm aufschau'nd,
Blaue Seen im grünen Schilfland.
Und er liebte die Verlassne,
Die sein Kommen so erharrte;
Denn sie waren beide einsam,
Sie auf Erden, er am Himmel.

Und er warb um sie mit Kosen,
Warb mit seinem sonnigen Lächeln,
Warb mit seinem süßen Schmeicheln,
Seinem Seufzen, seinem Singen,
Warb im Flüstern in den Zweigen,
Warb mit Tönen, warb mit Düften,
Bis er sie an seine Brust zog,
In sein Purpurkleid sie hüllte,
Sie zu einem Sterne machte,
Ewig zitternd an der Brust ihm;
Und für immer in den Himmeln
Sieht man wandeln sie zusammen,
Wabun und den Wabun-Annung,
Wabun und den Stern des Morgens.

Doch der Nord, Kabibonokka,
War zu Haus bei Klipp' und Eisberg,
Wohnt' im ew'gen Schneegestöber,
In dem Königreich Wabassos,
In dem Land des Weißkaninchens.
Er war's, dessen Hand im Herbste

Rings den Wald mit Scharlach malte,
Rot und gelb die Blätter fleckte;
Er war's, der die Flocken schickte,
Wirbelnd, zischend durch den Forst hin;
Er auch, der die Seen und Teiche,
Der die Flüsse ließ gefrieren,
Möw' und Taucher scheuchte südwärts,
Cormoran und Reiher scheuchte
In ihr Nest von Ried und Seetang
In den Reichen Shawondasees.

Grimmig einst Kabibonokka
Trat hervor aus seinem Schneehaus,
Trat aus seiner Eisberghütte,
Und sein Haar, mit Schnee besprenkelt,
Strömt' ihm nach, gleich einem Strome,
Einem winterlichen, schwarzen,
Und er heult' und jagte südwärts
Über frostige Seen und Moore.

Dorten zwischen Rusch und Röhricht
Fand er Shingebis den Taucher,
Schnüre aufgereihter Fische
Nach sich schleppend auf dem Eise
Über Sumpf und über Moorland.
Er nur weilte noch im Moorland:
Längst schon war sein Stamm geschieden
Nach dem Lande Shawondasees.

Grimmig rief Kabibonokka:
»Wer also wagt mir zu trotzen.
Wagt in meinem Reich zu weilen,
Wenn die Wawa schon geschieden.
Wenn die Wildgans schwirrte südwärts.
Und der Reiher, der Shuh-shuh-gah,
Lange schon davonflog südwärts?
Ich will gehn in seinen Wigwam,
Löschen aus sein schwelend Feuer!«

Und bei Nacht Kabibonokka
Kam zur Hütte, barsch und brausend.
Häufte Schnee um ihre Wände,
Jauchzte nieder in die Rauchflucht,
Schüttelte wütend First und Pfosten,
Warf und hob des Türwegs Vorhang.
Furchtlos drinnen sah der Taucher,
Einerlei war es dem Taucher;
Hatt' er doch vier große Klötze,
Jeder brannt' ihm einen Monat,
Und zum Mahl hatt' er die Fische.
Saß er dort bei seinem Feuer,
Warm und luftig, essend, lachend,
Singend: »O Kabibonokka,
Du bist sterblich nur, wie ich bin!«

Eintrat da Kabibonokka;
Shingebis, der Taucher, fühlt' es.
Fühlt' es an der größern Kälte,
An der Näh' des eis'gen Atems;
Dennoch fuhr er fort zu singen,
Dennoch fuhr er fort zu lachen,
Drehte nur den Klotz ein wenig,
Lieh die Glut nur Heller flammen.
Jagte die Funken durch die Rauchflucht.

Von Kabibonotkas Stirne,
Von den Locken schneebesprenkelt.
Fielen schwere Tropfen Schweißes,
Spuren drückend auf die Asche,
Wie entlang der Hütte Traufen,
Wie vom Ast der Schierlingstanne
Tropft der schmelzende Schnee zur Lenzzeit,
Löcher höhlend in die Schneeflur.

Bis besiegt er endlich aufstand;
Nicht ertrug er mehr die Hitze,
Nicht ertrug er mehr das Lachen,
Trug nicht mehr das lust'ge Singen.

Häuptlings durch den Türweg stürzt' er,
Stampfte auf die krust'ge Schneeflur,
Stampfte auf die Seen und Flüsse,
Machte den Schnee auf ihnen härter,
Machte das Eis auf ihnen dicker,
Forderte heraus den Taucher,
Draußen jetzt mit ihm zu ringen,
Draußen nackt mit ihm zu ringen
Auf gefrornem Sumpf und Moorland.

Kam heraus der kühne Taucher,
Rang die Nacht durch mit dem Nordwind,
Rang mit ihm nackt auf den Mooren,
Mit dem Nord, Kabibonokka,
Bis der Nordwind schwächer hauchte.
Bis sein eis'ger Griff erlahmte,
Bis er taumelnd schwankte rückwärts.
Und geschlagen sich zurückzog
In das Königreich Wabassos,
In das Land des Weißkaninchens,
Hörend stets das stürmische Lachen,
Hörend Shingebis, den Taucher,
Wie er sang: »Kabibonokka,
Du bist sterblich nur, wie ich bin!«

Shawondasee, fett und träge.
Hatte fern sein Haus im Süden;
In dem schläfrigträumerischen
Sonnenscheine dorten weilt' er.
In dem Sommer, der nicht endet.
Er war's, der die Vögel sandte, –
Sandt' Opechee, sie die Rotbrust,
Blauen Vogel auch, Owaissa,
Sandte Shawshaw, sie die Schwalbe,
Sandte die Wildgans, Wawa, nordwärts.
Den Tabak und die Melon' auch.
Und die Traub' in Purpurbüscheln.

Stieg der Rauch aus seiner Pfeife,
Hüllt' in Duft und Dunst den Himmel,
Strömte träumerische Milde
Durch die weiche, warme Luft rings.
Gab dem Wasser hellern Schimmer,
Hauchte glatt die rauhen Hügel,
Brachte den Indianersommer,
Ihn den Sommer sanfter Tage,
Bracht' ihn in das trübe Nordland
In dem öden Mond der Schneeschuh.

Sorglosheitrer Shawondasee!
Fiel ein Schatten in sein Leben,
Kannt' ein Herzeleid sein Herz doch!
Einstens, als er blickte nordwärts,
Weit, weit weg auf einer Steppe
Sah er stehen eine Jungfrau,
Sah er hoch und schlank ein Mädchen
Ganz allein auf einer Steppe;
Hellstes Grün war ihr Gewand ganz.
Und ihr Haar war wie die Sonne.

Tag für Tag auf sie nun blickt' er,
Tag für Tag nun blickt' und seufzt er,
Tag für Tag nun brannte heißer
Ihm das Herz in Lieb' und Sehnsucht
Nach dem Mädchen gelb von Locken.
Doch er war zu fett und träge,
Sich zu tummeln, rasch zu werben;
Zu bequem und lässig war er,
Ihr zu nahn, sie zu bereden.
Tat er darum nichts als hinsehn.
Saß und seufzte nur vor Liebe
Zu dem Mädchen auf der Steppe.

Bis 'nes Morgens, blickend nordwärts,
Er ihr Gelbhaar sah verwandelt,
Ganz bedeckt mit etwas Weißem,
Weiß bedeckt gleichwie mit Flocken.

»O, mein Bruder du vom Nordland,
Du, vom Königreich Wabassos,
Du, vom Land des Weißkaninchens,
Du denn raubtest mir mein Mädchen,
Legtest deine Hand aufs Haupt ihr,
Warbst um sie, ach! und gewannst sie
Mit den Fabeln deines Nordlands!«

Hauchte so Freund Shawondasee
In die Lüfte seinen Kummer;
Und der Südwind, warm und brünstig,
Warm von Seufzern Shawondasees,
Kam gewandert durch die Steppe,
Bis die Luft voll schien von Flocken,
Voll von Distelflaum die Steppe,
Und die Maid mit sonnigen Haaren
Ihm für immer war entschwunden;
Niemals mehr sah Shawondasee
Die Gelockte, sie die Blonde.

O betörter Shawondasee!
War's kein Weib, wonach du aussahst,
Keine Maid, um die du seufztest!
War's der Löwenzahn der Steppe!
Ihn, den ganzen langen Sommer,
Sahst du an mit solchem Schmachten,
Seufztest um ihn so mit Inbrunst,
Schnauftest ihn dann fort für immer,
Bliesest ihn vom Stiel mit Seufzen –
O, betörter Shawondasee!

Teilten so sich die vier Winde!
Hatten Mudjekeewis' Söhne
Also ihren Ort am Himmel,
An den Ecken rings des Himmels!
Für sich selbst allein den Westwind
Hielt der mächt'ge Mudjekeewis.

III

Hiawathas Kindheit.

Nieder durch das Abendzwielicht,
In den Tagen jetzt vergessen,
In den Zeiten längst verschollen,
Aus dem Vollmond fiel Nokomis,
Fiel die reizende Nokomis,
Sie ein Weib, doch keine Mutter.
Scherzte sie mit ihren Frauen,
Schwang sich in der Rebenschaukel,
Als ihr Mitweib, die Verschmähte,
Voll von Eifersucht und Hasse,
Durchschnitt die geflochtne Schaukel,
Auseinanderschnitt die Ranken,
Und Nokomis, sehr erschrocken,
Niederfiel durchs Abendzwielicht,
Auf die Muskoday, die Wiese,
Auf die Wiese voll von Blüten.
»Seht! ein Stern fällt!« riefen alle;
»Niederfällt ein Stern vom Himmel!«

Dorten, unter Farr'n und Moosen,
Dorten, bei der Steppe Lilien,
Auf der Muskoday, der Wiese,
In dem Mondlicht und dem Sternlicht
Hat 'ne Tochter sie geboren,
Und sie hieß das Kind Wenonah,
Als die erste ihrer Töchter,
Und die Tochter der Nokomis
Wuchs gleichwie der Steppe Lilien,
Wuchs empor ein schlankes Mädchen,
Voll der Schönheit sie des Mondlichts.
Voll der Schönheit sie des Sternlichts.

Und oft warnte sie Nokomis,
Sagt' ihr oft, und wiederholt' oft:

»Hüte dich vor Mudjekeewis,
Vor dem Westwind, Mudjekeewis;
Lausche nicht auf seine Worte,
Nimmer auf die Wiese leg' dich,
Sitze hin nicht bei den Lilien,
Daß der Westwind dich nicht schäd'ge!«

Doch sie gab nichts auf die Warnung,
Gab nichts auf das Wort der Weisheit,
Und der Westwind kam am Abend,
Leichthin wandelnd durch die Steppe,
Flüsternd leis mit Laub und Blüten,
Beugend Blumen sowie Gräser,
Fand die reizende Wenonah,
Fand sie liegen bei den Lilien,
Warb um sie mit süßen Worten,
Warb mit seinem weichen Schmeicheln,
Bis sie einen Sohn in Kummer
Ihm gebar, – in Lieb' und Kummer.
So entstand mein Hiawatha,

So entstand das Kind des Wunders;
Doch die Tochter der Nokomis,
Hiawathas sanfte Mutter,
Starb in ihrem Gram, verlassen
Von dem Westwind falsch und treulos,
Von dem harten Mudjekeewis.

Lang und laut um ihre Tochter
Weint' und jammerte Nokomis:
»Wär' ich tot!« pflog sie zu murmeln,
»O, wär' *ich* tot, wie es *du* bist!
Was soll Arbeit noch, was Weinen:
Wahonomin, Wahonomin!«

An den Ufern Gitche Gumees,
An dem blanken Groß-See-Wasser,
Stand der Wigwam der Nokomis,
Tochter sie des Monds, Nokomis.

Schwarz dahinter hob der Forst sich.
Hoben sich die finstern Tannen,
Und, mit Zapfen drauf, die Föhren;
Glänzend vor ihm schlug das Wasser,
Schlug das helle, sonnige Wasser,
Schlug das blanke Groß-See-Wasser.

Dorten runzlige Nokomis
Pflegte kleinen Hiawatha,
Wiegt' ihn in der Lindenwiege,
Sanft in Moos und Schilf gebettet,
Fest umstrickt mit Renntiersehnen;
Stillte seine Unruh', sprechend:
»Husch; der Bär, der nackte, holt dich!«
Lullt in Schlaf und Traum ihn, singend:
»Ewa-yea! mein kleines Eulchen!
Wer ist dies, der hell den Wigwam,
Großen Augs hell macht den Wigwam?
Ewa-Yea! mein kleines Eulchen!«

Mancherlei lehrt' ihn Nokomis,
Von den Sternen hoch am Himmel;
Wies ihm Ishkoodah, den Bartstern,
Ishkoodah, mit glüh'nden Locken;
Wies den Totentanz der Geister –
Krieger sie mit Keul' und Federn,
Nordwärts flackernd weit von dannen
In des Winters frost'gen Nächten;
Wies den weißen Weg am Himmel,
Ihn den breiten Pfad der Schatten,
Mitten durch den Himmel laufend,
Voll von Geistern, voll von Schatten.

An der Tür am Sommerabend
Saß der kleine Hiawatha;
Hörte leis die Tanne flüstern,
Hörte leis das Wasser branden,
Wunderbare Tön' und Worte;

»Minne-wawa!« sprach die Tanne,
»Mudway-aushka!« sprach das Wasser.

Sah er auch die Feuerfliege,
Wah-wah-taysee, sah sie schwirren.
Durch des Abends graue Dämmrung,
Mit dem Blinken ihres Lichtchens
Busch und Dorngestrüpp erhellend.
Uno er sang das Kinderliedchen,
Sang, was ihn Nokomis lehrte;
»Wah-wah-taysee, kleine Fliege,
Feuerfliege, Weißlichtfliege,
Tänzerchen mein kleines, weißes,
Leuchte mir mit deinem Lichtchen,
Eh' ich auf mein Bett mich lege,
Eh' im Schlaf mein Aug' ich schließe!«

Sah er auch den Mond sich heben
Aus dem Wasser, rund und zitternd,
Sah die Flecken drauf und Schatten,
Hauchte: »Was ist das, Nokomis?«
Und Nokomis sprach, die Gute:
»Nahm ein Krieger einst, sehr zornig,
Nahm er seine Ältermutter,
Warf sie auf bei Nacht zum Himmel,
Warf sie grade in das Mondrund,
'S ist ihr Leib, was du erblickst dort!«

Sah er auch den Regenbogen,
Ostenwärts, den Regenbogen,
Hauchte: »Was ist das Nokomis?«
Und Nokomis sprach, die Gute:
»Dieses ist der Blumenhimmel;
Alle Blumen rings im Forste,
Alle Lilien auf der Steppe,
Wenn sie welkten auf der Erde,
Blühn in jenem Himmel ob uns!«

Hört' er Mitternachts die Eulen,
Kreischend, lachend tief im Forste;
»Was ist das?« voll Schreckens rief er;
»Was ist das?« sagt' er, »Nokomis?«
Und Nokomis sprach, die Gute:
»Das ist Eule nur und Eulchen,
Sprechend in der Eulensprache,
Sprechend, scheltend miteinander!«

Lernte drauf von jedem Vogel
Hiawatha seine Sprache,
Seinen Namen, sein Geheimnis:
Wo sie Sommers Nester bauten,
Wo sie Winters sich versteckten;
Sprach, wo er sie traf, mit ihnen.
Hieß sie »Hiawathas Küchlein.«

Lernt' er auch der Tiere Sprachen,
Ihre Namen, ihr Geheimnis:
Wie sein Haus der Biber zimmert,
Wo das Eichhorn birgt die Eicheln,
Wie so hurtig rennt das Renntier,
Warum das Kaninchen furchtsam;
Sprach, wo er sie traf, mit ihnen.
Hieß sie »Hiawathas Brüder.«

Macht Jagoo[3] drauf, der Prahler,
Er der Fabler, der Erzähler,
Er der Wandrer und der Schwätzer,
Er der Freund auch der Nokomis,
Einen Bogen Hiawatha'n;
Macht' ihn aus dem Ast der Esche,
Macht' aus Eichenholz die Pfeile,
(Kieselstein der Pfeile Spitzen,
Federn bunt der Pfeile Schwingen),
Und die Schnur aus Hirschhaut macht' er.

---

[3] Dreisilbig: I-a-goo.

Sprach er drauf zu Hiawatha:
»Geh, mein Sohn, hinaus zum Forst nun,
Wo das Rotwild zieht in Herden,
Töt' uns einen tücht'gen Rehbock,
Töt' uns einen Hirsch mit Enden!«

Alsobald hinaus zum Forste
Ganz allein ging Hiawatha,
Stolz mit Bogen und mit Pfeilen;
Und die Vögel rundum sangen:
»Schieß uns nicht, o Hiawatha!«
Sang Opechee, sie die Rotbrust,
Blauer Vogel auch, Owaissa:
»Schieß uns nicht, o Hiawatha!«

Auf der Eiche, dicht zur Seit' ihm,
Sprang, das Eichhorn, Adjidaumo,
Auf und ab die Zweige sprang es,
Schwatzt' und hustete vom Eichbaum,
Lachte laut, und sprach dazwischen:
»Schieß mich nicht, o Hiawatha!«

Und vom Pfad zur Seite hüpfte
Das Kaninchen; in der Ferne
Aufrecht saß es auf den Schenkeln,
Halb in Furcht und halb auch scherzend;
Sprechend zu dem kleinen Jäger:
»Schieß mich nicht, o Hiawatha!«

Doch er gab nicht acht, noch hört' er,
Denn er dachte nur des Rotwilds;
Fest das Aug' auf dessen Spuren,
Wie hinab zum Fluß sie führten.
Zu der Furt hinab des Flusses,
Ging er, wie wer geht im Schlummer.

In den Erlen tief verborgen,
Harrt' er, bis die Hirsche kamen.
Bis er sah zwei Hörner ragen,

Sah zwei Augen spähn durchs Dickicht,
Sah zwei Nüstern weisen windwärts,
Und ein Hirsch den Pfad herabkam.
Schön gesprenkelt, hell und dunkel
Von des Laubes runden Schatten.
Und sein Herz begann zu pochen,
Flog wie über ihm die Blätter,
Bebte wie das Blatt der Birke,
Als der Hirsch den Pfad herabkam.

Dann, auf einem Knie sich hebend.
Zielend stand mein Hiawatha:
Kaum ein Reislein bog und knickt' er.
Kaum ein Blättchen macht' er rauschen:
Doch der kluge Rehbock stutzte,
Stampfte auf mit gleichen Hufen,
Stand, den einen Fuß gehoben,
Sprang, gleichwie dem Pfeil entgegen;
O, der Pfeil, der singende, böse!
Wie 'ne Wespe summt' er, stach ihn!

Tot nun lag er da im Forste,
Bei der Furt, die übern Fluß führt;
Schlug sein banges Herz nicht länger,
Doch das Herz des Hiawatha
Pochte, jubelte und jauchzte,
Wie den roten Hirsch er heimtrug,
Und Jagoo und Nokomis
Grüßten ihn mit Beifallsworten.

Schnitt Nokomis aus des Hirschen
Haut ein Kleid für Hiawatha,
Trug sie auf das Fleisch des Hirschen,
Als ein Mahl zu seiner Ehre.
Kam das ganze Dorf und schmauste,
Priesen alle Hiawatha,
Hießen ihn Starkherz, Soange-taha!
Hießen ihn Bravherz, Mahngo-taysee!

IV

Hiawatha und Mudjekeewis.

Auf zum Manne nun vom Knaben
War gereift mein Hiawatha,
Kundig aller Kunst der Jäger,
Wissend allen Rat der Alten,

Aller jugendlichen Spiele,
Aller Mannestat erfahren.

Schnell von Fuß war Hiawatha:
Einen Pfeil ins Weite schoß er,
Lief ihm nach mit solcher Schnelle,
Daß der ihm vorausgeflogne
Dennoch hinter ihm ins Gras fiel.
Stark von Arm war Hiawatha:
In die Luft zehn Pfeile schoß er,
Schoß sie ab so schnell und kräftig.
Daß der zehnte flog vom Bogen,
Eh' der erste fiel zur Erde!

Handschuh' hatt' er, Minjekahwun,
Zauberhandschuh', Hirschhauthandschuh';
Trug er sie an seinen Händen,
Konnt' entzwei den Fels er schlagen,
Konnt' er ihn zu Staub zerreiben.
Zaubermokassins auch hatt' er,
Mokassins gemacht aus Hirschhaut:
Band er sie um seine Knöchel,
Schnürt' er sie an seine Füße,
Maß er jeden Schritts 'ne Meile!
Fragt' er oft nach Mudjekeewis,
Seinem Vater, die Nokomis;
Hörte von ihr das Geheimnis
Von der Schönheit seiner Mutter,
Von der Falschheit seines Vaters;

Und sein Herz entbrannte in ihm,
Wie 'ne glüh'nde Kohle brannt' es!

Sprach er drauf zu der Nokomis:
»Gehn will ich zu Mudjekeewis,
Zusehn was mein Vater anfängt,
An des Westwinds fernen Türen,
An dem Tor des Sonnenhingangs!«

Aus der Hütte trat hervor er,
Angetan zur Jagd, zur Reise;
Angetan mit Hirschhauthemde,
Angetan mit Hirschhauthosen,
Beide sie gestickt mit Wampum;
Auf dem Haupt die Adlerfedern,
Um den Leib den Wampumgürtel,
In der Hand den esch'nen Bogen,
Straff bespannt mit Renntierflechsen;
In dem Köcher eich'ne Pfeile,
Zugespitzt mit scharfem Jaspis,
Leicht beschwingt dazu mit Federn;
Mit den Handschuhn, Minjekahwun,
Mit den Zauberschuhn am Fuß auch.

Warnend sagte die Nokomis:
»Geh nicht aus, o Hiawatha,
In das Königreich des Westwinds,
In das Land des Mudjekeewis,
Daß sein Zauber dich nicht schäd'ge,
Seine Arglist dich nicht töte!«

Doch der mut'ge Hiawatha
Gab nichts auf ihr weibisch Warnen;
In die Waldung schritt hinaus er,
Maß mit jedem Schritt 'ne Meile;
Über ihm rot schien der Himmel,
Unter ihm rot schien die Erde,
Um ihn schienen heiß die Lüfte,
Voll von Rauch und glüh'nden Dünsten,

Wie von Steppenbrand und Waldbrand,
Denn sein Herz schlug brennend in ihm,
Wie 'ne glüh'nde Kohle brannt es.

Also reist' er westwärts, westwärts.
Lief voraus dem schnellsten Hirsche,
Lief dem Elen vor, dem Bison;

Überschritt den Esconawbaw,
Überschritt den Mississippi,
Überschritt die Höhn der Steppe,
Zog durchs Land der Krähn und Füchse,
Zog durchs Wohngebiet der Schwarzfüß',
Kam dann zu den Felsenbergen,
Kam ins Königreich des Westwinds,
Wo auf den umwehten Gipfeln
Saß der alte Mudjekeewis,
Herrscher er der Himmelswinde.

Voll von Scheu stand Hiawatha
Bei dem Anblick seines Vaters.
Wild in Lüften um den Greisen
Flog und floß sein wolkig Haupthaar,
Schimmerte wie weh'nder Schneefall,
Glomm wie Ishkoodah, der Bartstern,
Wie der Stern mit glüh'nden Locken.
Freudenvoll war Mudjekeewis,
Als er blickt' auf Hiawatha,
Als in Hiawathas Antlitz
Kehren er die eigne Jugend,
Kehren sah vor seinen Augen
Aus der Gruft Wenonahs Schönheit.

»Sei willkommen, Hiawatha,«
Rief er, »in dem Reich des Westwinds!
Lang' hab' ich auf dich gewartet!
Süß die Jugend, öd' das Alter,
Feurig jene, dieses frostig;
Du bringst wieder, was dahin ist,

Meine Jugend, heiß und stürmisch.
Und die reizende Wenonah!«

Viele Tage miteinander
Sprachen sie, erzählten, fragten.
Lauschten, harrten, gaben Antwort.
Rühmte sehr sich Mudjekeewis
Seiner altbewährten Kühnheit,
Seiner fährlichdreisten Fahrten,
Seines unzähmbaren Mutes,
Seines unverwundbar'n Leibes.

Voll Geduld saß Hiawatha
Lauschend seines Vaters Prahlen;
Lächelnd saß er da und lauschte,
Sprach kein Drohn aus, keine Warnung,
Weder Wort noch Blick verriet ihn.
Doch sein Herz schlug brennend in ihm.
Wie 'ne glüh'nde Kohle brannt' es.

Sprach er dann: »O Mudjekeewis,
Gibt es nichts denn, das dich schädigt?
Nichts denn, Vater, das du fürchtest?«
Und der mächt'ge Mudjekeewis,
Groß und gut in seinem Prahlen,
Gab zur Antwort: »Gar nichts gibt es.
Nichts als nur den schwarzen Fels dort,
Als den unheilvollen Wawbeek!«

Und er blickt' auf Hiawatha,
Weisen Blicks und äußerst huldvoll,
Väterlichen Angesichtes,
Blickte stolz auf seine Schönheit,
Auf den Bau so schlank und stattlich,
Sprechend: »O mein Hiawatha,
Gibt es etwas, das dich schädigt?
Irgend etwas, das du fürchtest?«

Doch der list'ge Hiawatha
Schwieg, wie ungewiß, 'ne Weile,
Schwieg, als ob er sich bedächte,
Und gab Antwort dann: »Nichts gibt es.
Nichts als nur den Schilfhalm dorten.
Ihn den ragenden Apukwa!«

Und als Mudjekeewis, aufsteh'nd,
Lässig seine Hand entreckte,
Wie den Schilfhalm sich zu pflücken.
Rief entsetzt mein Hiawatha,
(Gut erheuchelt war sein Schrecken!):
»Kago! kago! nicht berühr' ihn!«
»Ah, kaween!« sprach Mudjekeewis,
»Nein, ich will ihn nicht berühren!«

Sprach man drauf von andern Dingen;
Erst von Hiawathas Brüdern:
Von Wabun, dem Wind des Ostens,
Von dem Südwind, Shawondasee,
Von dem Nord, Kabibonokka;
Dann von Hiawathas Mutter,
Von der reizenden Wenonah;
Wie Nokomis auf der Wiese
Sie gebar; von ihrem Tode;
Alles, wie es die Nokomis
Trug im Herzen und erzählte.

Und er rief: »O Mudjekeewis,
Du, du tötetest Wenonah,
Nahmst ihr Leben, ihre Schönheit,
Brachst die Lilie der Steppe,
Brachst sie, tratest kalt sie nieder;
Du gestehst es, du gestehst es!«
Und der mächt'ge Mudjekeewis
Schüttelte sein Haar im Winde,
Beugt' in Qual sein graues Vorhaupt,
Nickte stumm, also bejahend.

Auf, da fuhr mein Hiawatha,
Und mit droh'ndem Blick und Wesen
Auf den Fels die Rechte legt er,
Auf den unheilvollen Wawbeek;
Mit den Handschuhn, Minjekahwun,
Schlägt entzwei den wucht'gen Fels er,
Bricht und bröckelt ihn in Stücke,
Schleudert toll sie auf den Vater,
Den bereu'nden Mudjekeewis.
Denn sein Herz schlug brennend in ihm,
Wie 'ne glüh'nde Kohle brannt es.

Doch des Westwinds greiser Herrscher
Blies die wucht'gen Stücke von sich,
Mit dem Schnauben seiner Nüstern,
Mit dem Sturme seines Zornes,
Blies zurück sie auf den Schleudrer:
Nahm den Schilfhalm, den Apukwa,
Riß mit Wurzeln ihn und Fasern
Aus des Wiesenrandes Moorgrund,
Riß ihn aus, den Riesenschilfhalm;
Lang und laut lacht Hiawatha!

Und nun ging's auf Tod und Leben:
Wurden handgemein die beiden;
Krisch der Aar aus seinem Horste,
Der Keneu, der große Kriegsaar;
Saß rundum auf Klipp' und Steinwand,
Kreist und schlug mit seinen Flügeln.

Wie ein großer Baum im Sturme
Schwankt' und hieb der Riesenschilfhalm;
Und mit Krachen, schwer und massig,
Fiel der unheilvolle Wawbeek;
Bis die Erde von des Kampfes
Aufruhr und Verwirrung bebte,
Bis die Luft von Jauchzen voll war,
Bis der Donner jäh erwachte,
Und zur Antwort gab: »Baim-wawa!«

Wich der mächt'ge Mudjekeewis,
Rauschte westwärts durch die Berge,
Stolperte hinab die Berge,
Wich drei ganze Tage fechtend,
Stets verfolgt von Hiawatha
Zu des Westwinds fernen Türen,
Bis ans Tor des Sonnenhingangs,
Zu der Erde fernsten Grenzen,
Wo die Sonne sinkt ins Leere,
Dunkelrot, wie ein Flamingo
Niedersinkt ins Nest am Abend,
In den traurigöden Sümpfen.

»Halt!« rief endlich Mudjekeewis,
»Halt, mein Sohn, mein Hiawatha!
'S ist unmöglich mich zu töten,
Den Unsterblichen nicht fällst du!
Stellt' ich dich auf diese Probe,
Einzig deinen Mut zu prüfen;
Nimm den Lohn nun deiner Bravheit!

»Geh' zurück zu deinem Volke,
Lebe mit ihm, schaffe mit ihm!
Rein von allem, was sie schädigt.
Mache du, mein Sohn, die Erde!
Kläre Strom und kläre Fischgrund,
Töte Ungeheu'r und Zaubrer,
Alle Wendigoes, die Riesen,
Alle Schlangen, die Kenabeeks,
Wie ich selbst den Mishe-Mokwa
Tötete, den großen Bären!

»Und zuletzt, wenn nah der Tod dir,
Wenn die grausen Augen Pauguks
Auf dich niederglühn im Dunkeln,
Will mein Reich ich mit dir teilen!
Du beherrsche von der Zeit an
Den Nordwestwind, den Keewaydin,
Ihn den Heimwind, den Keewaydin!«

Also ward die Schlacht geschlagen,
Jene grimmige, weitberühmte,
In den finstern Tagen Shah-shahs,
In den Tagen längst geschieden.
In dem Königreich des Westens.
Sieht der Jäger noch die Spuren
Weit auf Hügeln und im Talgrund,
Sieht den Riesenschilfhalm wachsen
An den Teichen und den Strömen,
Sieht des Wawbeeks wuchtige Massen
Liegen noch in jedem Talgrund.

Heimwärts nun ging Hiawatha;
Lieblich um ihn war die Landschaft,
Über ihm die Luft war lieblich,
Denn die Bitterkeit des Zornes
Hatte gänzlich ihn verlassen;
Sann sein Hirn nicht mehr auf Rache,
Fraß kein Fieber mehr das Herz ihm.

Einmal nur die Schritte hemmt er.
Einmal nur verweilt' er, – weilte,
Pfeilespitzen sich zu kaufen
Von dem alten Pfeilemacher,
In dem Lande der Dacotahs,
Wo die Fälle Minnehahas
Niedersprühn in blanken Güssen,
Lachend springen durch das Waldland.

Dorten seine Pfeilespitzen
Schliff der alte Pfeilemacher,
Schliff aus Sandstein sie und Kiesel,
Aus Jaspis und Chalcedon auch,
Schliff sie blank und glatt von Rändern,
Schliff sie hart und scharf und köstlich.

Wohnte mit ihm seine Tochter,
Sie die Maid mit dunkeln Augen,
Wetterwendisch sie und launisch.

Wie die Fälle Minnehahas,
So, bald Sonnenschein, bald Schatten,
Schwankt' ihr Mut; so, eins ums andre,
Zürnt und lächelte ihr Auge;
So enteilt' ihr Fuß dem schnellen
Fluß gleich; so entfloß ihr Haupthaar;
So voll Wohllauts klang ihr Lachen;)
Und er nannte nach dem Fluß sie.
Hieß sie nach dem Fall des Wassers
Minnehaha, LachendWasser.

War es denn um Pfeilespitzen,
Chalcedonstein-Pfeilespitzen,
Pfeilespitzen auch von Jaspis,
Daß mein Hiawatha weilte
In dem Lande der Dacotahs?

War es nicht, zu sehn die Jungfrau,
Ihr Gesicht zu sehn, hervorspäh'nd
Hinterm Vorhang, – nicht, zu hören
Ihrer Kleider leises Rauschen
Hinter dem bewegten Vorhang,
Wie man sieht den Minnehaha
Blinken, blitzen durch die Zweige,
Wie man hört das LachendWasser
Hinter seinem Schirm von Zweigen?

Wer verrät, was von Gedanken,
Was von Träumen und Gesichten
Junger Männer heißes Hirn füllt?
Wer sagt, was für Träum' und Wünsche
Hiawathas Herz erfüllten?
Alles, was er der Nokomis
Nachts erzählte, da er heimkam,
War sein Treffen mit dem Vater,
War sein Kampf mit Mudjekeewis;
Nicht ein Wort von Pfeilen sagt' er.
Nicht ein Wort von LachendWasser!

V

Hiawathas Fasten.

Höret nun, wie Hiawatha
Fleht und fastete im Forste,
Nicht um mehr Geschick im Jagen,
Nicht um größre Kunst im Fischen,
Nicht um Siege, nicht um Skalpe,
Noch um Ansehn bei den Kriegern, –
Nein, zum Besten nur der Menschen,
Für die Wohlfahrt nur der Völker.

Baut' er erst ein Haus zum Fasten,
Einen Wigwam sich im Forste;
Bei dem blanken Groß-See-Wasser,
In der lust'gen schönen Lenzzeit,
In dem Blättermonde baut er's;
Fastete, versenkt in Träume,
Sieben Tage, sieben Nächte.

Wanderte am ersten Tage
Seines Fastens durch den Wald er;
Sah den Hirsch durchs Dickicht brechen,
Sah zum Bau fliehn das Kaninchen,
Hörte trommeln den Fasanen,
Trommeln den Fasanen, Bena,
Sah das Eichhorn, Adjidaumo,
Rasselnd zählen seine Eicheln.

Sah die Taube, die Omeme,
Baun ihr Nest auf hoher Fichte,
Und die Wildgans, Wawa, zugweis
Fliegen in das Moorland nordwärts,
Schwirrend, klagend hoch in Lüften.
»Herr des Lebens!« rief er zagend,
»Muß denn unser Leben, muß es
Hangen ab von diesen Dingen?«

Wanderte am andern Tage
Seines Fastens er am Flusse,
Durch die Muskoday, die Wiese;
Sah den Wildreis, Mahnomonee,
Sah die Heidelbeer, Meenahga,
Und die Erdbeer auch, Odahmin,
Und die Stachelbeer, Shahbomin,
Und den Traubenwein, Bemahgut,
Kletternd um die Erlenzweige,
Füllend rings die Luft mit Wohlduft.
»Herr des Lebens!« rief er zagend,
»Muß denn unser Leben, muß es
Hangen ab von diesen Dingen?«

Und am dritten Fasttag saß er
Hin am See, tief in Gedanken,
An dem stillen, klaren Wasser;
Sah den Haufen, Nahma, springen,
Tropfen sprüh'nd wie Wampumperlen,
Sah den gelben Barsch, den Sahwa,
Wie 'nen Sonnenstrahl im Wasser,
Sah den Hecht, den Maskenozha,
Und den Hering, Okahahwis,
Und den Shawgashee, den Krebs auch!
»Herr des Lebens!« rief er zagend,
»Muß denn unser Leben, muß es
Hangen ab von diesen Dingen?«

Und am vierten Tage lag er
Kraftlos da in seiner Hütte,
Auf von seinem Blätterlager
Starrend mit halboffnen Lidern,
(Voll von Träumen, schattenhaften),
Auf die dreh'nde, schwimmende Landschaft,
Auf den blanken Glanz des Wassers,
Auf die Glut des Sonnenhingangs.

Und er sah 'nen Jüngling nahen.
Tragend grün und gelbe Kleider,

Kommend durch das Purpurzwielicht,
Durch die Glut des Sonnenhingangs,
Grüne Federn auf der Stirne,
Und sein Haar war weich und golden.

Stehend da im offnen Türweg,
Lang auf Hiawatha blickt' er,
Blickte mitleidsvoll auf seine
Bleichen, abgezehrten Züge,
Und in Tönen wie des Südwinds
Seufzen in den Baumeswipfeln,
Sagt' er: »O mein Hiawatha!
All dein Flehn vernimmt der Himmel,
Denn du flehst nicht wie die andern,
Nicht um mehr Geschick im Jagen,
Nicht um größre Kunst im Fischen,
Nicht um Siege, nicht um Skalpe,
Noch um Ansehn bei den Kriegern, –
Nein, zum Besten nur der Menschen,
Für die Wohlfahrt nur der Völker.

»Ich, gesandt vom Herrn des Lebens,
Ich, des Menschen Freund, Mondamin,
Komme, warnend dich zu lehren,
Wie durch Kampf und wie durch Arbeit
Du gewinnst, was du erflehtest!
Auf von deinem Blätterlager!
Jüngling, auf! und ringe mit mir!«

Matt von Hunger, auf von seinem
Reisigbett fuhr Hiawatha;
Aus dem Zwielicht seines Wigwams
In des Sonnenunterganges
Prächt'ge Gluten trat hervor er.
Trat und rang er mit Mondamin;
Fühlte, wie er ihn berührte,
Neuen Mut sein Herz durchpochen.
Neues Leben, neue Hoffnung,

Neue Kraft durchströmen fühlt' er
Jeden Nerv und jede Fiber.

Also rangen sie zusammen
In der Glut der sinkenden Sonne,
Und mit jedem neuen Gange
Stärker ward mein Hiawatha;
Bis die Dunkelheit hereinbrach
Und der Reiher, der Shuh-shuh-gah,
Schrill aus seinem Nest im Moorland,
Ruf der Klage ließ erschallen,
Schrei des Schmerzes und des Hungers.
»'s ist genug!« sprach da Mondamin,
Lächelnd schau'nd auf Hiawatha,
»Aber morgen, sinkt die Sonne,
Komm' ich wieder, dich zu prüfen!«
Und mit diesem Wort verschwand er,
Schwand und ward nicht mehr gesehen:
Ob nun sinkend, wie der Regen,
Ob nun steigend, wie der Nebel,
Dies nicht wußte Hiawatha,
Sah nur, daß er war verschwunden,
Daß er einsam ihn zurückließ,
Einsam und der Ohnmacht nahe,
Unter sich den See voll Nebel,
Über sich die dreh'nden Sterne.

Andern Tages, als die Sonne,
Niedersinkend durch den Himmel,
Wie 'ne rote heiße Kohle
Von dem Herd des großen Geistes,
In des Westens Wasser zischte.
Wiederkam zum Kampf Mondamin,
Kam zum Streit mit Hiawatha:
Kam so leise, wie der Tau kommt,
Der aus leerer Luft herabsinkt.
Der in leere Luft zurückkehrt,
Der Gestalt annimmt, sobald er
Hinfällt und berührt die Erde,

Doch unsichtbar ist den Menschen,
So im Kommen wie im Gehen.

Dreimal rangen sie zusammen
In der Glut des Sonnenhingangs,
Bis die Dunkelheit hereinbrach,
Bis der Reiher, der Shuh-shuh-gah,
Schrill aus seinem Nest im Moorland
Ruf des Hungers ließ ertönen,
Und Mondamin lauschend stillstand.

Hoch und schön und herrlich stand er,
Schön im grün und gelben Kleide;
Auf und ab mit seinem Atem
Flogen seiner Stirne Federn,
Und der Schweiß des heißen Wettkampfs
Stand wie Tropfen Taues auf ihm.

Und er rief: »O Hiawatha,
Brav hast du mit mir gerungen,
Dreimal stark mit mir gerungen!
Der uns sieht, der Herr des Lebens,
Würdigen wird er dich des Sieges!«

Lächelte sodann und sprach er:
»Morgen ist der letzte Tag nun
Deines Ringens, deines Fastens.
Siegen wirst du, wirst mich zwingen:
Mach' ein Bett mir, drin zu liegen.
Wo der Regen auf mich falle.
Wo die Sonne mich erwärme;
Abstreif' dieses grün und gelbe
Kleid mir, diese weh'nden Federn;
Leg' mich in die Erde, laß sie
Leicht und locker mich bedecken!

»Keine Hand laß meinen Schlummer
Stören; Wurm und Unkraut wehre;
Laß nicht Kahgahgee, den Raben,

Mich besuchen und mich schäd'gen;
Du nur komme, mich zu hüten.
Bis von selber ich erwache.
Bis, mich regend und mich reckend.
In den Sonnenschein ich springe!«

Solchermaßen sprechend, schied er;
Friedevoll schlief Hiawatha;
Zwar die Wawonaissa hört' er,
Hörte Whippoorwillens Klage
Hoch auf seines Wigwams Giebel;
Hörte rauschende Sebowisha,
Nahebei die Waldbachquelle,
Redend zu dem dunkeln Forste;
Hörte das Gestöhn der Zweige,
Wie, vom Wind der Nacht durchstrichen,
Sie sich senkten und sich hoben;
Hörte sie, wie man im Schlaf hört
Fernes Murmeln, Traumgeflüster:
Friedevoll schlief Hiawatha.

Kam am Morgen die Nokomis,
Kam am siebten Tag des Fastens,
Brachte Nahrung, brachte Speise,
Kam und flehte, kam und klagte,
Fürchtete, daß er dem Hunger,
Daß dem Fasten er erliege.

Doch er nahm nicht, und er aß nicht,
Sagte nur zu ihr: »Nokomis,
Warte bis sich senkt die Sonne,
Bis die Dunkelheit hereinbricht,
Bis der Reiher, der Shuh-shuh-gah,
Rufend aus den öden Sümpfen,
Ansagt, daß der Tag geendet.«

Heimwärts weinend ging Nokomis,
Trüb um ihren Hiawatha,
Fürchtend sehr, daß seine Stärke

Seinem Fasten noch erliege.
Er indes sah müde wartend
Auf das Kommen des Mondamin,
Bis die Schatten, weisend ostwärts,
Über Feld und Forst sich reckten,
Bis die Sonne fiel vom Himmel,
Fließend auf den Wassern westwärts,
Wie ein rotes Blatt im Herbste
Fällt und hinfließt auf dem Wasser,
Fällt und sinkt in seinen Busen.

Und sieh' da! der Knab Mondamin,
Mit den weichen, scheinenden Locken,
Mit den grün und gelben Kleidern,
Mit den Federn lang und glänzend,
Stand und winkt' ihm in der Pforte.
Und wie einer, der im Schlaf geht,
Bleich und hager, aber furchtlos,
Aus dem Wigwam kam und kämpfte
Mit Mondamin Hiawatha.

Drehte sich um ihn die Landschaft,
Tanzte mit dem Forst der Himmel,
Und sein starkes Herz sprang in ihm,
Wie der Haufen springt und tobt im
Netz, zu brechen durch die Maschen.
Wie ein Feuerring rund um ihn
Glüht' und flammte der Gesichtskreis;
Hundert Sonnen, schien es, blickten
Nieder auf den Kampf der Ringer.

Plötzlich auf dem grünen Rasen
Ganz allein stand Hiawatha,
Keuchend von der wilden Arbeit,
Zitternd von dem heißen Wettstreit;
Sieh', und leblos, ohne Atem
Vor ihm lag der schöne Jüngling;
Lag, zerzaust die langen Haare,

Federn und Gewand zerrissen.
Tot im Sonnenuntergänge.

Und der Sieger Hiawatha
Grub sein Grab, wie er's geboten:
Ab die Kleider von Mondamin
Streift' er, die zerriss'nen Federn;
Legt' ihn in die Erde, ließ sie
Leicht und locker ihn bedecken;
Und der Reiher, der Shuh-shuh-gah,
Her aus traurigödem Moorland
Sandte schrill angstvollen Wehruf,
Ruf der Klage, Ruf des Schmerzes!

Heimwärts dann ging Hiawatha,
Zu der Hütte der Nokomis,
So vollendend und erfüllend
Seines Fastens sieben Tage.
Doch der Ort ward nicht vergessen,
Wo er kämpfte mit Mondamin;
Noch verabsäumt ward das Grab auch,
Jenes, drin Mondamin ruhte,
Schlafend da in Sonn' und Regen,
Wo sein Kleid und seine Federn,
Die zerriss'nen, die verstreuten,
Bleicheten in Sonn' und Regen.

Tag für Tag ging Hiawatha,
Sein zu warten, sein zu hüten;
Hielt den schwarzen Boden locker,
Hielt ihn rein von Kraut und Käfern,
Trieb hinweg, mit lautem Hohnruf,
Kahgahgee, der Naben König.

Bis zuletzt ein kleines grünes
Federchen langsam emporschoß
Aus der Erde, dann ein zweites,
Wieder dann und wieder eines,
Und zuletzt, vor Sommers Ende,

Schön der Mais und herrlich dastand.
Ganz in seinem glänzenden Kleide,
Ganz in weichen, gelben Locken,
Und entzückt mein Hiawatha
Ausrief: »Ja, es ist Mondamin!
Ja, des Menschen Freund, Mondamin!«

Holt' er flugs sich die Nokomis,
Auch Jagoo sich, den Prahler,
Zeigte beiden, wo der Mais wuchs.
Sprach von seinem Waldgesichte,
Seinem Ringen, seinem Siege,
Sprach von dieser neuen Gabe,
Die von nun an und für immer
Nahrung sei der Erde Völkern.

Und noch später, als der Herbstwind
Gelb die langen Blätter färbte,
Und die weichen saftigen Körner
Hart und gelb wie Wampum wurden,
Tat er ein die reifen Ähren,
Ab die welken Hülsen streift' er,
Wie die Kleider einst vom Ringer,
Gab das erste Fest Mondamins,
Machte kund den Menschen diese
Neue Gift des großen Geistes.

VI

Hiawathas Freunde.

Freunde hatte Hiawatha,
Zwei zumal gut und erlesen,
Treu und innig ihm verbunden.
Denen er, in Freud' und Kummer,
Seines Herzens rechte Hand gab:
Chibiabos, ihn den Singer,
Und den äußerst Starken, Kwasind.

Grader Pfad lief zwischen ihnen.
Grader Pfad, drauf nie das Gras wuchs;
Vögel, die da Märchen pfeifen,
Unheilstifter und Verschwätzer,
Fanden kein Gehör bei ihnen,
Konnten nimmer sie entzweien,
Denn sie wahrten gegenseitig
Ihr Geheimnis, sprachen stets nur
Nackten Herzens miteinander,
Grübelnd viel und viel ersinnend
Zu der Menschen Heil und Wohlfahrt.

Sehr geliebt von Oiawatha
War der sanfte Chibiabos,
Bester er der Musikanten,
Süßester auch aller Singer.
Anmutvoll und kindlich war er.
Kühn wie Männer, weich wie Frauen,
Schwank wie eine Weidengerte,
Stattlich wie ein Hirsch mit Enden.

Sang er, lauschte rings das Dorf ihm;
Scharten sich um ihn die Krieger,
Kamen die Frau'n auch, ihn zu hören;
Wild bald ihre Brust entflammt' er.
Bald in Mitleid löst er auf sie.

Macht' er sich aus Schilfrohr Flöten,
Also wohllautvoll und wonnig,
Daß der Waldbach, Sebowisha,
Aufhört' im Gebüsch zu murmeln,
Daß die Vögelein des Singens,
Nah das Eichhorn Adjidaumo,
Sich im Baum enthielt des Plauderns,
Und Wabasso, das Kaninchen,
Aufrecht saß, und späht' und horchte.

Ja, der Waldbach, Sebowisha,
Stillsteh'nd, sagte: »Chibiabos,
Lehr' in Wohllaut mich entfließen,
Wohllautvoll gleichwie dein Singen!«

Blauer Vogel auch, Owaissa,
Sagte neidisch: »Chibiabos,
Lehr' mich Töne wild und wirblig,
Lieder wild verzückt wie deine!«

Ja, und fröhlich sprach Opechee,
Sprach die Rotbrust: »Chibiabos,
Lehr' mich Töne süß und zärtlich,
Lieder frisch und froh wie deine!«

Und der Whippoorwill, Wawonaissa,
Sagte schluchzend: »Chibiabos,
Lehr' mich Töne ernst und traurig,
Lieder wehmutsvoll wie deine!«

All' die mannigfachen Töne
Der Natur entlehnten Süße
Von dem Singen Chibiabos';
Jede Menschenbrust erweichte
Seiner Lieder mächt'ger Ausdruck;
Nenn er sang von Fried' und Freiheit,
Sang von Schönheit, Liebe, Sehnsucht;
Sang vom Tode; sang vom Leben,
Das nicht stirbt, das ewig dauert

Auf den Inseln der Glücksel'gen,
In dem weiten Reich Ponemah,
In dem Wohnland des Nachdiesem.

Äußerst lieb dem Hiawatha
War der sanfte Chibiabos,
Bester er der Musikanten,
Süßester auch aller Singer.
Liebt' er ihn, weil er so sanft war,
Weil sein Singen so voll Zaubers.

Teuer auch dem Hiawatha
War der äußerst Starke, Kwasind,
Er, der Menschen Allerstärkster,
Er, der Mächtigste vor vielen.
Liebt' er ihn, weil er so stark war,
Weil er stark war, und doch gut auch.

Träumerisch als Kind war Kwasind,
Träge, schläfrig und verdrossen,
Spielte nie mit andern Kindern,
Fischte nie und jagte niemals,
Nicht wie andre Kinder war er;
Doch er fastete, das sah man,
Seinem Manito viel dient' er,
Flehte viel zu seinem Schutzgeist.

»Fauler Kwasind!« sprach die Mutter,
»Hilfst mir nie bei meiner Arbeit!
Schweifst im Sommer laß und träge
In den Feldern und den Forsten;
Winters aber hockst du kauernd
Übern Bränden hier im Wigwam!
In des Winters ärgster Kälte
Muß ich selbst das Eis zerbrechen,
Selbst zerbrechen es zum Fischen;
Hilfst mir niemals mit den Netzen!
Hangen sie dort an der Türe,
Triefend, frierend in der Nässe;

Geh', und ring' sie, Jenadizze!
Geh', und häng' sie in die Sonne!«

Aufstand Kwasind aus der Asche,
Langsam, sprach kein Wort des Zorns doch;
Ging in Schweigen aus der Hütte,
Nahm die Netze, die dort hingen,
Triefend, frierend au der Pforte;
Nahm sie, rang sie wie 'nen Strohwisch,
Brach entzwei sie wie 'nen Strohwisch;
Mußte, was er rang, zerbrechen,
War so groß die Kraft der Finger.

»Fauler Kwasind!« sprach sein Vater,
»Niemals hilfst du auf der Jagd mir;
Jeder Bogen, den du anrührst,
Jeder Pfeil auch bricht in Stücke;
Aber, komm mit mir zum Forste;
Sollst die Beute tragen heimwärts!«

Gingen einen engen Pfad sie,
Wo ein Bächlein still sie führte,
Wo der weiche Schlamm des Randes
Wies die Spur von Hirsch und Bison,
Bis sie allen weitern Durchgang
Sahn verschlossen, – fest verrammelt
Durch die Stamm' entwurzelter Bäume,
Liegend dort die Läng' und Quere,
Allen weitern Durchgang hemmend.

Sprach der Greis: »Hier heißt es rückwärts!
Niemand überklimmt solch Bollwerk!
Nicht ein Haselhuhn durchschlüpft es,
Nicht ein Eichhorn überklimmt es!«
Und stracks brannt' er seine Pfeif' an,
Saß, und raucht', und überlegte,
Doch, eh' noch die Pfeif' erloschen,
Siehe, war der Pfad geklärt schon;
Hatte Kwasind alle Stämme

Rechts und links emporgehoben,
Tannen schleudernd schnell wie Pfeile,
Zedern schwingend leicht wie Lanzen.

»Fauler Kwasind!« auf der Wiese
Spotteten beim Spiel die Knaben;
»Warum stehn und träg uns zusehn,
Laß dich lehnend an den Felsen?
Komm und miß dich mit den andern.
Komm und wirf mit uns den Drehstein!«

Gab der Faule keine Antwort,
Keine Antwort ihrer Fordrung,
Stand nur auf, und, sacht sich wendend.
Nahm den Fels in seine Hand er,
Riß aus seinem tiefsten Grund ihn,
Wägt' ihn in der Luft ein wenig,
Warf ihn gänzlich in das Flußbett,
Gänzlich in den Fluß Pauwating,
Wo er noch gesehn wird Sommers.

Einstmals, als hinab den Schaumstrom,
Als hinab Pauwatings Schnellen
Kwasind fuhr mit den Genossen,
Sah im Strom er einen Biber,
Ihn Ameek, der Biber König,
Sah ihn kämpfen mit den Strudeln,
Steigen, sinken, in den Wassern.

Ohne Sprechen, ohne Zaudern,
In den Fluß hinein sprang Kwasind,
Taucht' hinab durch Gischt und Blasen,
Jagte den Biber durch die Wirbel,
Folgt' ihm mitten durch die Inseln,
Blieb so lange unterm Wasser,
Daß die Freunde, die erschreckten,
Riefen: »Ach, leb' wohl nun, Kwasind!
Niemals mehr sehn wir den Kwasind!«
Doch er kehrt, und im Triumphe,

Und auf seinen glänzenden Schultern
Trug das Tier er, tot und triefend.
Trug den König aller Biber.

Diese zwei nun, wie ich sagte,
Waren Hiawathas Freunde,
Chibiabos, er, der Singer,
Und der äußerst Starke, Kwasind.
Lange lebten sie in Frieden,
Hielten Zwiesprach nackten Herzens,
Grübelnd viel und viel ersinnend
Zu der Menschheit Heil und Wohlfahrt.

VII

Hiawathas Segeln

»Gib mir deines Basts, o Birke!
Deines gelben Basts, o Birke!
Wachsend du an Flusses Rauschen,
Hoch und stattlich du im Tale!
Baun will ich ein leichtes Boot mir,
Baun mir ein Cheemaun zum Segeln!
Fließen soll es auf dem Flusse,
Wie ein gelbes Blatt im Herbste,
Wie 'ne gelbe Wasserlilie!

»Abwirf dein Gewand, o Birke!
Abwirf deine Weißfellhülle,
Denn die Sommerzeit ist nahe,
Warm am Himmel steht die Sonne,
Und kein Weißfell mehr bedarfst du!«

Also laut rief Hiawatha
In dem einsamöden Forste,
An dem rauschenden Taquamenaw,
Als die Vögel lustig sangen,
In dem Mond der Blätter sangen,
Und die Sonne, jäh erwachend,
Auffuhr, sprechend: »Seht, o seht mich!
Gheezis, mich, die große Sonne!«

Und der Baum mit allen Zweigen
Raschelte im Hauch des Morgens,
Sprechend mit geduld'gem Seufzer:
»Nimm mein Kleid, o Hiawatha!«

Zog er um den Stamm des Baumes
Mit dem Messer einen Gürtel;
Unterhalb der tiefsten Zweige,
Oberhalb der Wurzeln schnitt er,

Bis der dicke Saft hervorquoll;
Drauf, hinab den ganzen hohen
Stamm, die gelbe Rinde spellt' er,
Hob sie mit vorsicht'gem Holzkeil,
Schälte ungeknickt vom Stamm sie.

»Gib mir deiner Zweige, Zeder!
Deiner starken schmeid'gen Äste,
Sicherer mein Boot zu machen.
Stärker unter mir und fester!«

Durch der Zeder hohe Spitze
Ging ein Ton, ein Ruf des Grausens,
Ging ein Murr'n des Widerstrebens;
Doch sie flüsterte, sich neigend:
»Nimm die Zweige, Hiawatha!«

Hieb er ab die Zedernzweige,
Formte stracks sie zum Gerüste,
Formt' und stellte sie wie Bogen,
Wie zwei Bogen sie zusammen.

»Deiner Wurzeln gib, o Tamarack!
Deiner Wurzelfasern, Lärche!
Meinen Kahn damit zu binden,
Seine Enden so zu binden,
Daß der Fluß herein nicht dringe,
Daß das Wasser mich nicht netze!«

Und die Lärche, Mark und Fasern,
Zitterte im Wehn des Morgens,
Schlug die Stirn ihm mit den Büscheln,
Sprach mit einem langen Seufzer:
»Nimm sie alle, Hiawatha!«

Aus dem Grund riß er die Fasern,
Riß der Lärche zähe Wurzeln,
Nähte fest und dicht die Rinde,
Band sie fest an das Gerüste.

»Gib mir deines Balsams, Fichte!
Deines Balsams, deines Harzes,
So die Nähte zu verschließen,
Daß der Fluß herein nicht dringe,
Daß das Wasser mich nicht netze!«

Und die Fichte, hoch und finster,
Schluchzete durch all' ihr Dunkel,
Klirrte wie ein Strand mit Kieseln,
Gab zur Antwort klagend, weinend:
»Nimm mein Harz, o Hiawatha!«

Und er nahm die Balsamtränen,
Nahm das Harz des Fichtenbaumes,
Strich die Nähte zu, die Ritzen,
Wasserdicht die Fugen strich er.

»Gib mir deiner Stacheln, Igel!
Alle sie, o Kagh, mein Igel!
Will ich draus ein Halsband machen.
Einen Gürtel meiner Schönen,
Und zwei Stern' auf ihren Busen!«

Aus 'nem hohlen Baum der Igel
Blickt' auf ihn verschlafnen Auges,
Schoß die Stacheln ab wie Pfeile,
Sprach mit schläfrigem Gemurmel
Durch den Wirrwarr seines Barthaars:
»Nimm die Stacheln, Hiawatha!«

Las vom Grund er auf die Stacheln,
All' die kleinen blanken Pfeile,
Färbte rot und blau und gelb sie
Mit dem Saft von Beer' und Wurzel,
Fügte künstlich in sein Boot sie:
Um den Rumpf 'nen blanken Gürtel,
Um den Bug ein schimmernd Halsband,
Auf der Brust zwei lichte Sterne.

Also ward gebaut das Bastboot,
Ward gebaut im Tal, am Flusse,
Tief im Innersten des Waldes;
Waldes Leben auch war in ihm,
Waldes Zauber und Geheimnis:
Alle Leichtigkeit der Birke,
Alle Zähigkeit der Zeder,
Alle Schmeidigkeit der Lärche;
Und so floß es auf dem Flusse,
Wie ein gelbes Blatt im Herbste,
Wie 'ne gelbe Wasserlilie.

Ruder nicht hatt' Hiawatha,
Hatte keine, brauchte keine,
Denn sein Denken war ihm Ruder,
Und sein Wünschen war ihm Steuer;
Schnell und langsam, rechts und links auch
Glitt und schwenkt' er, ganz nach Dünken.

Rief er laut sodann dem Kwasind,
Seinem Freund, dem Starken, Kwasind,
Sprach: »Hilf diesen Fluß mir klären,
Klären von versunknen Stämmen,
Wie von Untief' auch und Sandbank!«

Sprang sofort ins Wasser Kwasind,
Sprang, als wär' er eine Otter,
Tauchete gleichwie ein Biber,
Stand bis an den Leib im Wasser,
Stand bis an die Achselgruben,
Schwamm und jauchzte laut im Flusse,
Zerrt' empor versunkne Stämme,
Schöpfte mit der Hand den Sand aus,
Mit den Füßen Schlamm und Flußkraut.

Und so fuhr mein Hiawatha
Abwärts rauschenden Taquamenaw,
Fuhr durch alle seine Krümmen,
Fuhr durchs Tiefe, fuhr durchs Seichte,

Währenddem sein Freund, der Starke,
Schwamm durchs Tiefe, schritt im Seichten.

Gingen auf und ab den Fluß sie,
Ein und aus durch seine Inseln,
Machten frei sein Bett von Wurzeln,
Frei von Barre, frei von Sandbank,
Schleiften fort aus seinem Laufe
Tote Stämme, wüste Klötze,
Machten offen ihn und sicher,
Machten einen Pfad dem Volke
Niederwärts von seinen Quellen,
Von den Quellen in den Bergen,
Zu den Wassern von Pauwating,
Bis zur Bucht des Taquamenaw.

VIII

Hiawathas Fischen.

Aus nun auf den Gitche Gumee,
Auf das blanke Groß-See-Wasser,
Mit der Angelschnur aus Zeder,
Aus geflochtnem Bast der Zeder,
Aus, den Stör zu fangen, Nahma,
Mishe-Nahma, Herrn der Fische,
Ganz allein in seinem Baumboot
Jauchzend zog mein Hiawatha.

Durch das klardurchsicht'ge Wasser
Schwimmen sehn die Fische konnt' er,
Unter sich tief in den Tiefen;
Sehn den gelben Barsch, den Sahwa,
Wie 'nen Sonnenstrahl im Wasser;
Sehn den Shawgashee, den Krebs auch,
Wie 'ne Spinne auf dem Grunde,
Auf dem weißen, sand'gen Grunde.

Saß am Stern mein Hiawatha,
Mit der Angelschnur aus Zeder;
Spielt' in seines Hauptes Federn,
In den flatternden, des Morgens
Hauch, wie in der Tanne Ästen;
Auf dem Bug, aufrechten Schwanzes,
Saß das Eichhorn, Adjidaumo;
Spielt' in seinem Pelz des Morgens
Hauch, wie in der Steppe Gräsern.

Auf dem Weißen Sand des Grundes
Lag das Wunder Mishe-Nahma,
Lag der Stör, König der Fische;
Durch die Kiemen holt' er Atem,
Atmete und blies die Flut er;

Mit den Flossen schlug und facht' er.
Mit dem Schwanz fegt' er die Sandflur.

Lag er dort in voller Rüstung;
Rechts und links ein schützend Kriegsschild,
Knochenplatten auf der Stirne,
Und auf Seite, Rücken, Schultern
Knochenplatten, voll von Stacheln!
Trug er seine Kriegsbemalung,
Streifen Gelb, und Blau, und Scharlach,
Flecken Braun, und Flecken Schwarz auch;
Und er lag dort auf dem Grunde,
Fächelnd mit den Purpurflossen,
Er, der Schrecken aller Fische,
Der Verderber er des Salmen,
Der Verschlinger auch des Herings.

»Nun, beiß an!« rief Hiawatha,
Unter sich tief in die Tiefen;
»Nun, beiß an, o Haufen, Nahma!
Komm heraus nun aus dem Wasser,
Laß uns sehn nun, wer der Stärkste!«
Und er warf die Schnur aus Zeder
In das klardurchsicht'ge Wasser,
Harrt' umsonst auf eine Antwort,
Saß und harrt' auf eine Antwort,
Wiederholte laut und lauter:
»Nun, beiß an, König der Fische!«

Ruhig lag der Hausen, Nahma,
Lag im Wasser, leise fächelnd,
Blickt' empor zu Hiawatha,
Lauschend auf sein Schrein und Schnattern,
Auf sein gänzlich unnütz Toben,
Bis er müde des Tumults war,
Bis er sprach zu dem Kenozha,
Zu dem Hecht, dem Maskenozha:
»Nimm den Köder dieses Tölpels,
Brich die Schnur des Hiawatha!«

In der Hand die lose Schnur drauf
Zucken fühlte Hiawatha;
Zog sie ein, – da zerrt' es also,
Daß das Baumboot aufrecht dastand,
Wie ein Birkenstamm im Wasser,
Mit dem Eichhorn, Adjidaumo,
Hüpfend oben auf der Spitze.

Voll von Hohn war Hiawatha,
Als er sah den Fisch sich heben;
Als er nah und näher kommen
Sah den Hecht, den Maskenozha;
Und er rief ihm zu durchs Wasser:
»Esa! esa! Pfui der Schande!
Du bist nur der Hecht, Kenozha,
Nicht der Fisch, nach dem ich auszog,
Du bist nicht der Fische König!«
Torkelnd niederwärts zum Grunde
Sank der Hecht, sehr in Verwirrung,
Und der mächt'ge Hausen, Nahma,
Sprach zu Ugudwash, dem Klumpfisch,
Ihm dem Brassen scharlachschuppig:
»Nimm den Köder dieses Prahlers,
Brich die Schnur des Hiawatha!«

Langsam aufwärts, schwankend, schimmernd.
Stieg der Ugudwash, der Klumpfisch,
Nahm die Schnur des Hiawatha,
Schwang sich dran aus allen Kräften,
Macht im Wasser einen Strudel,
Dreht', in Kreisen wild das Baumboot,
Dreht' es um und um in Wirbeln,
Bis die Kreise rings im Wasser
Schlugen fern die sand'gen Buchten,
Bis auf den entlegnen Ufern
Schilfesblum' und Rohrhalm nickten.

Doch als Hiawatha langsam
Ihn aufsteigen sah durchs Wasser,

Hebend seine leuchtende Scheibe,
Rief er laut mit Hohngelächter:
»Esa! esa! Pfui der Schande!
Du bist Ugudwash, der Klumpfisch,
Nicht der Fisch, nach dem ich auszog,
Du bist nicht der Fische König!«

Langsam abwärts, schwankend, schimmernd.
Sank der Ugudwash, der Klumpfisch,
Und der Stör, Nahma, von neuem
Hörte Hiawathas Rufen,
Hörte seine trotzige Fordrung,
Hörte sein ganz unnütz Toben
Schallen weither durch das Wasser.

Von dem weißen Sand des Grundes
Stieg er auf mit zorn'ger Miene,
Zitternd in jedweder Faser,
Klirrend rings mit seiner Rüstung,
Bunt in seiner Kriegsbemalung;
Aufwärts schoß in seiner Wut er,
Blitzend sprang er in das Helle,
Tat den großen Schlund auf, schluckte
Beide, Boot und Hiawatha.

Nieder in die dunkle Höhlung
Häuptlings tauchte Hiawatha,
Wie ein Baum auf schwarzem Flusse
Schießt und taucht hinab die Schnellen;
Fand sich ganz und gar im Dunkeln,
Tappt' umher, hilflos sich wundernd,
Bis ein großes Herz er schlagen
Fühlte, pochend dort im Dunkeln.

Und er schlug's in seinem Zorne,
Mit der Faust das Herz des Nahma,
Fühlte wie der Fische König
Schauderte in jeder Faser,
Hört' um ihn das Wasser gurgeln,

Als hindurch er sprang und schwankte,
Schlecht sich fühlend, schwach und müde.

Zerrte quer sodann sein Baumboot
Hiawatha, es zu sichern;
Daß nicht aus dem Schlunde Nahmas,
In der Unruh und Verwirrung,
Er zurück entfahr' und sterbe.
Und das Eichhorn, Adjidaumo,
Hüpft' und plauderte sehr lustig,
Schafft' und schob mit Hiawatha,
Bis die Arbeit ganz getan war.

Sagt' ihm drauf mein Hiawatha:
»O mein kleiner Freund, mein Eichhorn,
Wacker hast du mir geholfen;
Nimm den Dank nun Hiawathas,
Und den Namen, den er gibt dir;
Heiße nach diesem und für immer
Bei den Knaben Adjidaumo,
Schwanz-in-Lüften bei den Knaben!«

Wiederum der Hausen, Nahma,
Jappt' und zitterte im Wasser:
Still dann ward er, und trieb landwärts,
Bis er auf die Kiesel knirrte,
Bis der Lauscher Hiawatha
Ihn ans Ufer hörte knirren.
Auf dem Kies ihn fühlte stranden,
Wußte, daß der Fische König
Lag getötet auf dem Strande.

Hört' er drauf ein Schwirr'n und Schlagen,
Wie vom Herflug vieler Flügel,
Hört' ein Schrei'n und Durcheinander,
Wie von Vögeln, die sich stritten,
Sah zu Häupten sich ein Schimmern,
Scheinend durch die Rippen Nahmas,
Sah das helle Aug' von Möwen,

Sah Kayoshk, die Groß-See-Möwen,
Niederblicken durch die Öffnung:
Sprechend: »Es ist unser Bruder,
Seht doch, es ist Hiawatha!«

Und er jauchzt' empor zu ihnen.
Schrie frohlockend aus den Höhlen:
»O, ihr Möwen! meine Brüder!
Ich erschlug den Hausen, Nahma;
Macht die Ritzen etwas breiter,
Weitet mit den Klau'n die Öffnung,
Macht mich frei aus diesem Kerker,
Und von nun an und für immer
Preisen wird man eure Taten,
Nennen euch Kayoshk, die Möwen,
Ja, Kayoshk, die edlen Kratzer!«

Und die wilden, lauten Möwen
Waren flink mit Klau'n und Schnabel,
Machten Ritz' und Öffnung weiter
In den mächt'gen Rippen Nahmas;
Aus Gefahr und aus Gefängnis,
Aus dem dunkeln Bauch des Stören,
Aus der Fährlichkeit des Wassers,
Lösten sie den Hiawatha.

Stand er nah bei seinem Wigwam,
Auf dem Uferrand des Wassers,
Rief Nokomis, der Bejahrten,
Rief und winkte der Nokomis.
Zeigte auf den Hausen, Nahma,
Wie er dalag auf den Kieseln,
Leblos und die Möwen ätzend.

»Ich erschlug den Mishe-Namah,
Schlug der Fische König!« sprach er;
»Sieh'! der Möwen Schar verspeist ihn,
Ja, der Möwen, meiner Freunde;
Nicht verscheuche sie, Nokomis,

Sie erlösten aus Gefahr mich,
In dem dunkeln Bauch des Stören;
Warte, bis ihr Mahl geendet,
Bis gefüllt sind ihre Kröpfe,
Bis sie, wenn die Sonne hingeht.
Fliegen heim in ihre Nester;
Dann bring' deine Topf' und Kessel,
Und mach' Öl uns für den Winter!«

Und Nokomis saß und harrte,
Harrte bis die Sonne hinging.
Bis der bleiche Mond, die Nachtsonn',
Aufging überm stillen Wasser,
Bis Kayoshk, die satten Möwen,
Schreiend sich vom Mahl erhuben.
Bis sie durch den brennendroten
Sonnenhingang zu entlegnen
Inseln ihren Weg entschwirrten,
Heim ins Rohr in ihre Nester.

Ging zu schlafen Hiawatha,
Und Nokomis ging zur Arbeit,
Schaffend voll Geduld im Mondlicht,
Bis der Mond und bis die Sonne
Wieder ihren Ort vertauschten,
Bis den Himmel Sonnenaufgang
Rötete, bis daß die Möwen,
Ja, bis daß Kayoshk, die Hungrer,
Kehrten von den schilfigen Inseln,
Schrei'nd nach ihrem Morgenfestmahl.

Wechselnd so drei Tag' und Nächte
Mit den Möwen riß Nokomis
Ab das ölige Fleisch des Nahma,
Bis die Flut wusch durch die Rippen,
Bis die Möwen nicht mehr kehrten,
Und nichts dalag auf dem Sande,
Als das Beingerüste Nahmas.

IX

Hiawatha und Perlfeder.

An den Ufern Gitche Gumees,
An dem blanken Groß-See-Wasser,
Stand Nokomis, die Bejahrte,
Weisend mit dem Finger westwärts.
Übers Wasser weisend westwärts,
In die Glut des Sonnenhingangs.

Brannte grimm die rote Sonne,
Niedersinkend, ihren Weg sich,
Ihren Pfad entlang die Himmel,
Steckte hinter sich in Brand sie,
Wie Kriegstrupps, im Fliehn, die Steppe
Zünden an auf ihrer Kriegsspur;
Und der Mond, die Nachtsonn', ostwärts,
Jach dem Hinterhalt entstürzend,
Folgte rasch den blut'gen Stapfen,
Folgte jener brand'gen Kriegsspur,
Ihren Schein auf seinen Zügen.

Und Nokomis, die Bejahrte,
Weisend mit dem Finger westwärts,
Sprach dies Wort zu Hiawatha:
»Wohnt Perlfeder dort, der Große,
Megissogwon, er der Zaubrer,
Er der Manito des Reichtums,
Herrscher über Gut und Wampum,
Seine Leibwacht glüh'nde Schlangen,
Seine Wacht die schwarze Pechflut.
Sehn kannst du die glüh'nden Schlangen,
Die gewaltigen, Kenabeek,
Spielend, ringelnd sich im Wasser;
Sehn kannst du die schwarze Pechflut,
Hinter ihnen weit sich dehnend
In die Glut des Sonnenhingangs.

»Er war's, der mir meinen Vater
Tötete durch Trug und Tücke,
Als vom Mondrund er herabkam,
Kam zur Erde, mich zu suchen.
Er, der Mächtigste der Zaubrer,
Schickt das Fieber aus den Marschen,
Schickt die krankheitschwangern Dünste,
Schickt die giftbeladnen Dämpfe,
Schickt den Nebel aus dem Sumpfland,
Schickt uns Siechtum, schickt uns Sterben!

»Nimm den Bogen, Hiawatha,
Nimm die Pfeile, spitz von Jaspis,
Nimm die Kriegskeul', Puggawaugun,
Und die Handschuh, Minjekahwun,
Und dein Bastboot nimm zum Segeln,
Und das Öl des Mishe-Nahma,
So zu salben es, daß eilends
Du durchfahren magst die Pechflut;
Töte diesen Unbarmherz'gen,
Rette du das Volk vom Fieber,
Das er herhaucht durch das Sumpfland;
Räche meines Vaters Totschlag!«

Alsobald mein Hiawatha
Tat die Wehr an, all' sein Kriegszeug,
Schob sein Boot hinaus zum Segeln,
Klopfte schmeichelnd seine Seiten,
Sprach vergnügt: »Cheemaun, mein Liebling,
O mein Bastboot! spring nun vorwärts,
Wo du siehst die glüh'nden Schlangen,
Wo du siehst die schwarze Pechflut!«

Vorwärts sprang Cheemann mit Jauchzen,
Und der edle Hiawatha
Sang den Kriegssang wild und wehvoll,
Und zu Häupten ihm der Kriegsaar,
Der Keneu, der große Kriegsaar,

Herr der Vögel all' mit Federn,
Krisch und schwang sich durch die Himmel.

Bald die glüh'nden Schlangen traf er,
Die gewaltigen, Kenabeek,
Riesig liegend auf dem Wasser,
Blitzend, Funken sprüh'nd im Wasser,
Knäu'lgleich liegend vor der Durchfahrt,
Ausgestreckt die Flammenkämme,
Atmend glüh'nden Dunst und Nebel,
Jedem so den Weg versperrend.

Doch der kühne Hiawatha
Rief ganz laut, sprach solchermaßen:
»Laßt mich ziehn des Wegs, Kenabeek,
Laßt mich gehn auf meine Reise!«
Und sie zischten grimmig Antwort,
Antwort mit dem glüh'nden Atem:
»Rückwärts, rückwärts, Shaugodaya!
Rückwärts zur Nokomis, Mattherz!«

Drauf der zorn'ge Hiawatha
Hub den mächt'gen eschenen Bogen,
Nahm die Pfeile, spitz von Jaspis,
Schoß sie eilends auf die Schlangen,
Jedes Dröhnen seiner Senne
War ein Schrei des Kriegs, des Todes;
Jedes Zischen eines Pfeiles
Todessang der Brut Kenabeek.

In der blut'gen Flut sich wälzend,
Lagen tot die glüh'nden Schlangen,
Und mein Hiawatha harmlos
Fuhr hindurch, und rief mit Jauchzen:
»Vorwärts, o Cheemaun, mein Liebling!
Vorwärts in die schwarze Pechflut!«

Nahm er drauf das Öl des Nahma,
Salbte Bootes Bug und Seiten,

Strich sie Wohl mit Öl, daß rasch er
Glitte durch die schwarze Pechflut.

Auf der Flut die ganze Nacht durch
Fuhr er, auf der trägen Pechflut;
Lag sie da, bedeckt mit Moder,
Hundertjährigem Schlamm und Moder,
Schwarz von faulem Wasserröhricht,
Mißduftvoll von Lilienblättern,
Reglos, leblos, traurig, öde,
Bleich erhellt vom Mondenschimmer,
Und von Irrlichtflammen rötlich, –
Feuern, angefacht von Geistern,
Nachts in ihren müden Lagern.

Rings die Luft war weiß von Mondlicht,
Rings die Pechflut schwarz von Schatten,
Und rund um ihn die Suggema,
Die Moskito, sang ihr Kriegslied,
Und der Glühwurm, Wah-wah-taysee,
Schwang sein Licht, ihn zu mißleiten,
Und der Ochsenfrosch, Dahinda,
Hub sein Haupt auf in das Mondlicht,
Sah ihn an mit gelben Augen,
Schluchzt' und sank zurück ins Wasser;
Und im Umsehn tausend Pfiffe
Gaben Antwort übers Moorland,
Und der Reiher, der Shuh-shuh-gah,
Weitab auf dem schilfigen Ufer
Kündete des Helden Kommen.

Westwärts so fuhr Hiawatha,
Hin zum Reiche Megissogwons,
Hin zum Königreich Perlfeders,
Bis der tiefe Mond, nicht höher
Als er selber, stier ihn ansah,
Stierend in sein bleich Gesicht sah,
Bis die Sonn' in seinem Rücken
Heiß auf seine Schultern brannte,

Bis er vor sich auf den Hügeln
Sah den glänzendblanken Wigwam,
Drin der Wampumherrscher wohnte,
Er der Mächtigste der Zaubrer.

Wieder sein Cheemaun da klopft' er,
Sprach zu seinem Bastboot: »Vorwärts!«
Und es zuckt' in allen Fasern,
Und mit einem großen Satze
Sprang es durch die Wasserlilien,
Sprang es durch das wirre Röhricht,
Und jenseits mit trocknen Sohlen
Auf den Strand trat Hiawatha.

Stracks den eschenen Bogen nahm er,
Auf den Sand ein Ende stemmt' er,
Drückte mit dem Knie die Mitte,
Zog die treue Senne fester,
Nahm 'nen Pfeil dann, spitz von Jaspis,
Schoß ihn nach dem blanken Wigwam,
Sandt' ihn singend aus als Herold,
Als den Träger seiner Botschaft,
Seiner Fordrung laut und vornehm:
»Komm aus deinem Haus, Perlfeder!
Deines Nahns harrt Hiawatha!«

Stracks aus seinem blanken Wigwam
Kam der mächt'ge Megissogwon,
Hoch von Wuchse, breit von Schultern,
Finster anzusehn und schrecklich,
Wampum an von Kopf zu Fuße,
Tragend alle seine Waffen,
Farbig wie der Morgenhimmel,
Blau bemalt, und gelb, und purpurn,
Überwogt, von Adlerfedern,
Strömend aufwärts, strömend auswärts.

»Kenne wohl dich, Hiawatha!«
Rief er aus mit Donnerstimme,

In dem Tone lauten Hohnes.
»Rückwärts eil', o Shaugodaya!
Rückwärts eile zu den Weibern,
Rückwärts zur Nokomis, Mattherz!
Will dich töten wie du stehst da,
Wie vor Alters ihren Vater!«

Doch zurück sprach Hiawatha,
Furchtlos, ganz und gar erschreckt nicht:
»Stolzes Wort trifft nicht wie Keulen,
Prahlgeschnauf ist keine Senne,
Schmähn ist nicht so scharf wie Pfeile,
Besser Taten, traun! als Worte,
Handeln mächtiger, als Prahlen!«

Da begann das größte Treffen,
Drauf die Sonne je herabsah,
Das je sahn die Kriegesvögel.
Einen ganzen Tag des Sommers
Währt' es, früh von Sonnenaufgang
Nahezu bis Sonnenhingang.
Denn die Pfeile Hiawathas
Prallten ab vom Hemd aus Wampum;
Machtlos auf das Hemd aus Wampum
Fielen seine wucht'gen Streiche
Mit den Handschuhn, Minjekahwun,
Fiel der Streich der schweren Kriegskeul';
Felsen schlug sie auseinander,
Brach entzwei doch nicht die Maschen
Jenes Zauberhemds aus Wampum.

Bis am Abend Hiawatha,
Lehnend auf dem eschenen Bogen,
Wund, ermüdet und verzagend,
Seine Kriegeskeul' zerbrochen,
Seine Handschuh ganz in Fetzen,
Nur drei Pfeile noch im Köcher,
Bis am Abend Halt er machte,
Auszuruhn an einer Tanne,

Einer mit lang weh'nden Moosen,
Deren Stamm gänzlich bedeckt war
Mit der Toten Moccasin-Leder,
Mit dem Baumschwamm weiß und gelblich.

Plötzlich aus den Zweigen ob ihm
Sang der Mama, sang der Waldspecht:
»Richte die Pfeile, Hiawatha,
Nach dem Haupte Megissogwons:
Triff den Haarbusch drauf, die langen
Schwarzen Locken an den Wurzeln;
Da nur ist er zu verwunden!«

Kraus von Federn, spitz von Jaspis,
Schnell flog Hiawathas Pfeil da,
Eben als sich jener bückte,
Einen Stein zum Wurf zu heben;
Grad aufs Haupt traf ihn der Pfeilschaft,
An den Wurzeln seiner Locken,
Und er schwankte taumelnd vorwärts,
Stürzte vor wie wund ein Bison,
Ja, wie Pezhekee, der Bison,
Wenn der Schnee liegt auf der Steppe.

Schneller flog der Pfeil, der zweite,
Flog den Pfad des ersten Pfeiles,
Fuhr noch tiefer, als der erste,
Traf noch schlimmer, als der erste;
Und die Knie des Meggissogwon
Bebten unter ihm wie Windrohr,
Knickten, zitterten wie Röhricht.
Doch der dritte Pfeil, der letzte,
Flog am schnellsten, traf am schlimmsten,
Und der mächt'ge Megissogwon
Sah die glüh'nden Augen Pauguks,
Sah die Augen sie des Todes,
Starr und fest auf sich gerichtet,
Hört' im Finstern seine Stimme;
Zu den Füßen Hiawathas

Leblos lag der Held Perlfeder,
Lag der Mächtigste der Zaubrer.

Drauf dankbarer Hiawatha
Rief den Mama, ihn den Waldspecht,
Her von wo er in den Asten
Saß der traurigöden Tanne,
Und, daß seinen Dienst er ehre.
Färbt' auf Mamas kleinem Haupte
Er mit Blut das Federbüschlein;
Heute noch trägt es der Waldspecht,
Trägt das rote Federbüschlein,
Als ein Sinnbild seines Dienstes.

Streift' er drauf das Hemd aus Wampum
Von dem Rücken Megissogwons,
Als ein Siegesmal des Treffens,
Als ein Zeichen der Erobrung.
Am Gestad ließ er den Leichnam,
Halb im Trocknen, halb im Wasser;
Staken tief im Sand die Füße,
Und das Antlitz lag im Wasser.
Und zu des Erschlagnen Häupten
Kreist und krisch Keneu, der Kriegsaar,
Segelnd stets in engern Kreisen,
Niederschwebend näher, näher.

Aus dem Wigwam Hiawatha
Trug den Reichtum Megissogwons,
All' sein Gut: Wampum und Rauchwerk,
Bisonhäute, Biberfelle,
Zobelpelz und Hermelinpelz,
Wampumgürtel, Schnüre, Taschen,
Köcher auch gestickt mit Wampum,
Voll von silberspitzigen Pfeilen.

Heimwärts dann fuhr er mit Jauchzen,
Heimwärts durch die schwarze Pechflut,
Heimwärts durch die toten Schlangen,

Mit dem Ehrenraub des Treffens,
Mit des Sieges Sang und Lustruf.

Stand am Ufer die Nokomis,
Stand am Ufer Chibiabos,
Und der äußerst Starke, Kwasind,
Harrend auf des Helden Ankunft,
Lauschend seinem Sang des Sieges.
Und das Dorf hieß ihn willkommen
Mit Gesängen und mit Tänzen,
Macht' ein Freudenfest, und jauchzte:
»Ehre sei dem Hiawatha!
Er erschlug uns den Perlfeder,
Schlug den Mächtigsten der Zaubrer,
Schlug ihn, der das Fieber schickte,
Schickte den Nebel aus dem Sumpfland,
Schickte Siechtum uns und Sterben!«

Allzeit wert dem Hiawatha
War des Föhrenspechts Gedächtnis!
Und zum Zeichen seiner Freundschaft,
Als ein Merkmal der Erinnrung,
Schmückt' und ziert' er seine Pfeife
Mit dem roten Federbüschlein,
Mit dem blut'gen Kopfbusch Mamas.
Doch in Megissogwons Reichtum,
In den Ehrenraub des Treffens,
Teilt' er sich mit seinem Volke,
Teilt' ihn aus zu gleichen Teilen.

X

Hiawathas Werben.

»Wie die Bogenschnur zum Bogen,
So gehört das Weib zum Manne;
Ob sie ihn auch biegt, sie dient ihm,
Ob sie ihn auch spannt, doch folgt sie;
Keines nütz, fehlt ihm das andre!«

So sprach bei sich selbst der junge
Hiawatha, sinnend, grübelnd,
Sehr bewegt in seinem Herzen,
Lustlos, langend, hoffend, fürchtend,
Träumend stets von Minnehaha,
Von der süßen LachendWasser
In dem Lande der Dacotahs.

»Nimm ein Mädchen deines Volkes,«
Sagte warnend die Nokomis,
»Geh' nicht ostwärts, geh' nicht westwärts,
Geh nicht frein um eine Fremde!
Wie ein Feuer auf dem Herdstein
Ist des Nachbars traute Tochter,
Wie das Sternlicht, wie das Mondlicht
Ist die Wackerste der Fremden!«

So riet ab und sprach Nokomis,
Und nur dies gab Hiawatha
Ihr zur Antwort: »Alte, Gute!
Lieblich ist und schön das Feu'rlicht,
Doch das Sternlicht ist mir lieber,
Lieber auch ist mir das Mondlicht!«
Ernst darauf sprach die Nokomis:

»Bring' nicht her ein müssig Mädchen,
Bring' nicht her ein Weib, das unnütz,
Plumpe Hände, träge Füße;

Bring' ein Weib mit flinken Fingern,
Herz und Hand, die gleich sich rühren,
Füße willig und geschwinde!«

Lächelte mein Hiawatha:
»In dem Lande der Dacotahs
Lebt des Pfeilemachers Tochter,
Minnehaha, LachendWasser,
Schmuckste sie von allen Weibern.
Diese bring' ich dir zum Wigwam,
Sie soll laufen deine Wege,
Sein dein Sternlicht, Mondlicht, Feu'rlicht,
Sonnenlicht auch meines Volkes!«

Noch riet ab und sprach Nokomis:
»Keine Fremde bring' zum Wigwam
Aus dem Lande der Dacotahs!
Wild und kühn sind die Dacotahs,
Oft schon kriegten wir mit ihnen,
Fehden gibt es, unvergess'ne,
Wunden gibt es, die noch schmerzen,
Und die neu sich öffnen können!«

Lachend sprach mein Hiawatha:
»Wenn aus keinem Grund, aus diesem
Möcht' ich frein mir die Dacotah,
Daß sich unsre Stämme einten,
Daß der Fehden wir vergäßen,
Daß die Wunden sich verschlössen,
Harsch und heil für alle Zeiten!«

So nun fortging Hiawatha
In die Landschaft der Dacotahs,
In das Land der schmucken Weiber;
Schreitend über Moor und Matte,
Durch unendlich lange Wälder,
Durch ununterbrochnes Schweigen.

Zauber-Mokassins am Fuße,
Jeden Schritt 'ne Meile maß er;
Lang doch schien vor ihm die Reise,
Und sein Herz lief vor den Füßen;
Und so reist er ohne Rasten,
Bis den Wasserfall er hörte.
Ihn den Fall von Minnehaha,
Lachend, rufend durch das Schweigen.
»Lieblich ist der Ton!« sprach leis er,
»Lieblich, die mich ruft, die Stimme!«

Auf des Waldes Außensäumen,
Zwischen Sonnenschein und Schatten,
Grasten falbe Damhirschherden,
Doch sie sahn nicht Hiawatha;
Raunt' er seinem Bogen: »Fehl' nicht!«
Raunt' er seinem Pfeile: »Schweif' nicht!«
Sandt' ihn singend seinen Weg ins
Rote Herz des falben Damhirschs:
Warf den Hirsch auf seine Schultern,
Weitereilend ohne Rasten.

An der Pforte seines Wigwams
Saß der alte Pfeilemacher
In dem Lande der Dacotahs,
Macht' aus Jaspis Pfeilespitzen,
Machte sie aus Chalcedon auch.
Neben ihm, m ihrer Schönheit,
Saß die süße Minnehaha,
Seine Tochter LachendWasser,
Matten flechtend sie aus Binsen;
Sann Vergangnem nach der Alte,
Sann das Mädchen in die Zukunft.

Er gedachte, wie er sah dort,
Jener Tage, wo mit solchen
Pfeilen Hirsch er schoß und Bison,
Auf der Muskoday, der Wiese;
Wo die Wildgans, fliegend südwärts,

Er im Flug schoß, laute Wawa;
Dacht' auch an die großen Kriegstrupps,
Wie sie kauften seine Pfeile,
Haben mußten seine Pfeile.
O, nicht gab es mehr auf Erden
Krieger stolz und kühn, wie jene!
Alle Männer jetzt wie Weiber,
Fechtend nur noch mit der Zunge!

Sie doch dacht' an einen Jäger,
Andern Stamms und andrer Gegend,
Jung und schlank und schön von Ansehn,
Der 'nes Morgens, in der Lenzzeit,
Kam zu kaufen Vaters Pfeile,
Saß und rastete im Wigwam,
Zögernd stand um Schwell' und Türweg,
Rückwärts sehend, als er fortging.
Pries ihn dazumal ihr Vater,
Pries des Jünglings Mut und Weisheit:
Wüßte gern sie, ob für Pfeile
Noch einmal er kommen würde
Zu den Fällen Minnehahas?
Auf der Matte ruhte müssig
Ihre Hand, ihr Auge träumte.

Durch ihr Sinnen tönt' ein Schreiten,
Tönt' ein Rascheln in den Ästen,
Und, Gesicht und Stirne glühend,
Mit dem Hirsch auf seinen Schultern,
Plötzlich aus den Waldlandstrecken
Trat mein Hiawatha vor sie.

Ernst empor von seiner Arbeit
Sah der alte Pfeilemacher,
Legte fort halbfert'ge Spitze,
Hieß ihn treten ein zur Pforte,
Sprechend, als zum Gruß er aufstand;
»Hiawatha, sei willkommen!«

Zu den Füßen LachendWassers
Niederlegte seine Bürde,
Warf den Falbhirsch Hiawatha;
Auf zu ihm sah still das Mädchen,
Auf zu ihm von ihrer Matte,
Sprach mit sanftem Blick und Tone:
»Sei willkommen, Hiawatha!«

Sehr geräumig war der Wigwam,
Hergestellt aus der gegerbten
Und geweißten Haut des Hirsches,
Mit den Göttern der Dacotahs
Bunt gemalt auf Wand und Vorhang;
Und so hoch war seine Pforte,
Daß der Jüngling kaum sich bückte,
Daß sich kaum die Adlerfedern
Seines Hauptes oben stießen,
Als er eintrat zu der Pforte.
Drauf erhob sich LachendWasser,
Auf vom Boden Minnehaha,
Legte fort halbfert'ge Matte,
Brachte Mahl, und stellt' es vor sie,
Brachte Wasser auch vom Bächlein,
Gab das Mahl auf irdnen Schüsseln,
Gab den Trunk in Baßholz-Schalen[4],
Lauschte, während sprach der Gastfreund,
Und entgegensprach ihr Vater;
Sie doch tat nicht auf die Lippen,
Redete kein Wort, kein einz'ges.

Lauschte sie gleichwie im Traume
Auf die Worte Hiawathas,
Wie er sprach von der Nokomis,
Die ihn pflegte, als er klein war;
Wie er sprach von den Genossen,
Chibiabos, ihm dem Singer,
Und dem starken Mann, Kwasind;

---

[4] Bass-wood, das Holz der Linde. Tilia americana.

Wie er sprach von Glück und Fülle
In dem Land der Tschippewäer,
In dem Lande schön und friedlich.

»Nach viel Jahren Blutvergießens,
Vielen Jahren Kriegs und Kampfes,
Ist nun endlich Friede zwischen
Tschippewäern und Dacotahs.«
So fuhr fort mein Hiawatha,
Und sprach dann noch, sprach es langsam:
»Auf daß dieser Friede währe.
Auf daß fester unsre Hände,
Unsre Herzen sich umfassen.

Gib zum Weib mir dieses Mädchen,
Minnehaha, LachendWasser,
Schönste der Dacotahfrauen!«

Und der alte Pfeilemacher
Schwieg, bevor er Antwort sagte,
Raucht' ein Weilchen erst in Schweigen,
Blickte stolz auf Hiawatha,
Liebevoll auf LachendWasser,
Und gab Antwort dann sehr ernsthaft:
»Ja, wenn es des Mädchens Wunsch ist;
Sprich du selber, Minnehaha!«

Und die süße LachendWasser
Schien noch süßer, wie sie stand dort,
Weder willig noch sich sträubend;
Wie sie ging zu Hiawatha,
Leise neben ihn sich setzte.
Sprechend, und darob errötend:
»Ich will folgen dir, mein Gatte!«

Dies war Hiawathas Werben!
So gewann er sich die Tochter
Des bejahrten Pfeilemachers
In dem Lande der Dacotahs!

Aus dem Wigwam jetzo schied er,
Mit sich führend LachendWasser;
Gingen Hand in Hand die beiden
Durch das Waldland und die Wiese,
Ließen einsam stehn den Alten
In dem Türweg seines Wigwams,
Hörten Minnehahas Fälle
Zuruf brausen aus der Ferne,
Hörten sie von weitem rufen:
»Lebewohl, o Minnehaha!«

Und der alte Pfeilemacher
Ging an seine Arbeit wieder.
Saß in seinem sonnigen Türweg,
Murmelnd bei sich selbst und sprechend:
»So verlassen uns die Töchter;
So, die wir, und die uns lieben!
Grad wenn sie uns helfen können,
Wenn wir alt uns auf sie stützen,
Kommt ein Knab mit stolzen Federn,
Mit der Flöt' aus Rohr, ein Fremder
Wandert pfeifend durch das Dorf hin,
Lacht und winkt dem schönsten Mädchen,
Und sie folgt, wohin er führt sie.
Alles lassend um den Fremden!«

Lustig war die Reise heimwärts.
Durch unendlich lange Wälder,
Über Berg und über Wiese,
Über Hügel, Fluß und Hohlweg.
Kurz dem Hiawatha schien sie,
Reisten sie auch äußerst langsam.
Hemmt' und maß er seinen Schritt auch
Nach den Schlitten LachendWassers.

Über weite wilde Ströme
Trug in Armen er das Mädchen;
Dachte leicht sie wie 'ne Feder,
Wie die Federn seines Kopfschmucks;

Bahnt' ihr den verworrnen Pfadweg,
Bog zur Seite Busch und Äste,
Machte nachts ein Haus von Ästen,
Und ein Bett von Weißtannzweigen,
Macht' ein Feuer vor dem Türweg
Mit der Tanne trocknen Zapfen.

Jeder Reisewind war günstig,
Jeder zog durchs Land mit ihnen;
Ansah jeder Stern der Nacht sie.
Jeder mit schlaflosen Augen
War ein Hüter ihres Schlummers;
Aus dem Hinterhalt im Eichbaum
Sah das Eichhorn, Adjidaumo,
Sah mit eifrighellen Augen
Auf die Liebenden hernieder;
Und Wabasso, das Kaninchen,
Sprang vom Pfade drauf sie gingen.
Guckt' hervor aus seiner Höhle,
Satz auf seinen Schenkeln aufrecht.
Reckte mit neugier'gen Augen
Zu den Liebenden empor sich.

Lustig war die Reise heimwärts!
Alle Vögel, laut und lieblich.
Sangen Glück und sangen Ruhe;
Blauer Vogel sang, Owaissa:
»Glücklich bist du, Hiawatha,
Daß du solch ein Weib dir heimführst!«
Sang Opechee auch, die Rotbrust:
»Glücklich bist du, LachendWasser,
Daß ein Mann, wie der, dich heimholt!«

Sah die Sonne mild vom Himmel
Auf sie nieder durch die Äste,
Sprach zu ihnen: »Meine Kinder,
Lieb' ist Licht, und Haß ist Schatten;
Wechselnd Licht und wechselnd Schatten

Ist das Leben; herrsch', o herrsche
Nur durch Liebe, Hiawatha!«

Sah der Mond sie an vom Himmel,
Füllt' ihr Haus mit eignem Glänzen,
Flüsterte: »O meine Kinder,
Tag ist Unruh, Nacht ist Ruhe,
Schwach das Weib, der Mann ist herrisch,
Halb herrsch' ich, ob ich auch folge;
Herrsche durch Geduld, du Gute!«

Also wanderten sie heimwärts;
Also brachte Hiawatha
In die Hütte der Nokomis
Sie das Mondlicht, Sternlicht, Feu'rlicht,
Sonnenlicht auch seines Volkes,
Minnehaha, LachendWasser,
Schmuckste sie von allen Weibern
In dem Lande der Dacotahs,
In dem Land der schmucken Weiber.

XI

Hiawathas Hochzeit.

Höret nun, wie Pau-Puk-Keewis,
Wie der schmucke Jenadizze
Tanzt' auf Hiawathas Hochzeit;
Wie der sanfte Chibiabos,
Er der süßeste der Singer,
Lieder sang der Lieb' und Sehnsucht;
Wie Iagoo, er der Prahler,
Er der Fabler, der Erzähler,
Seine Märchen gab zum Besten,
Daß die Hochzeit lust'ger wäre,
Munterer die Zeit verginge,
Mehr die Gäste sich vergnügten.

Pracht'gen Schmaus zu Hiawathas
Hochzeit rüstete Nokomis;
Jede Schüssel war aus Baßholz,
Weiß zumal und schön geglättet;
Jeder Löffel Hörn des Bisons,
Schwarz zumal und schön geglättet.

Sandte durch das ganze Dorf sie
Boten, tragend Weidenzweige,
Tragend sie als Mal der Ladung,
Als ein Zeichen auch des Festes;
Und die Hochzeitsgäste kamen,
Angetan mit reichsten Kleidern,
Pelzgewanden, Wampumgürteln,
Bunt in Farben und in Federn,

Aßen erst den Stör sie, Nahma,
Und den Hecht, den Maskenozha,
(Fing und sott sie die Nokomis);
Schmausten Pemican sodann sie,
Pemican und Mark des Büffels,

Rehbockziemer, Bisonhöcker,
Gelbe Kuchen des Mondamin,
Und den wilden Reis des Flusses.

Doch der wackre Hiawatha,
Und die süße LachendWasser,
Und die sorgende Nokomis
Kosteten der Speisen keine.
Warteten nur auf den andern,
Dienten schweigend nur den Gästen.

Als gesättigt nun die Gäste,
Rasch und rührig die Nokomis
Aus geraumer Ottertasche
Füllete die Rotsteinpfeifen
Mit Tabak vom Land des Südens,
Untennischt mit Weidenborke,
Und mit duft'gem Laub und Krautwerk.

Sprach sie drauf: »O Pau-Puk-Keewis,
Tanz' uns deine lust'gen Tänze,
Tanz' den Bettlertanz zur Lust uns.
Daß die Hochzeit muntrer werde,
Heiterer die Zeit verfließe,
Mehr die Gäste sich vergnügen!«

Drauf der schmucke Pau-Puk-Keewis,
Er der faule Jenadizze,
Er der lust'ge Unheilstifter,
Den die Leute Sturmnarr hießen,
Stand auf in dem Kreis der Gäste.

War in jeder Art von Kurzweil
Pau-Puk-Keewis wohl erfahren:
In dem lust'gen Tanz der Schneeschuh',
Auch in Peilkespiel und Ballspiel'.
Kannt' und liebte jedes Glücksspiel,
Jedes Spiel des Glücks und Zufalls,

Pugasaing: Hohlnapf und Marken,
Kuntassoo: das Pflaumensteinspiel.

Nannten ihn die Krieger Mattherz,
Nannten feig ihn, Shaugodaya,
Spieler, Faulpelz, Jenadizze:
Er doch gab nichts auf ihr Scherzen,
Ließ sich ihren Hohn nicht kränken,
Denn die Weiber und die Mädchen
Liebten schmucken Pau-Puck-Keewis.

Hatt' er an ein Hemd von Nehhaut,
Weiß und weich, besetzt mit Wiesel,
Ganz durchwirkt mit Wampumperlen;
Trug er ferner Hirschhautstrümpfe,
Igelstacheln drum und Wiesel:
Trug er endlich an den Füßen
Mokassins vom Fell des Rehbocks,
Dicht bestickt mit Perl' und Stachel.
Schwanenflaum weht' um die Stirn ihm.
Jede Ferse ziert' ein Fuchsschwanz,
Hielt die eine Hand 'nen Fächer,
Und 'ne Pfeife hielt die andre.

Schien von rot und gelben Streifen,
Schien von Blau und lichtem Scharlach
Das Gesicht des Pau-Duk-Keewis.
Fiel sein Haar von seiner Stirne,
Glatt, wie Weiberhaar gescheitelt.
Hell von Öl, und schön geflochten,
Auch besteckt mit duft'gen Gräsern,
Als im Kreis der Hochzeitsgäste
Zum Getön von Sang und Flöte,
Zum Getön von Stimm' und Trommel,
Aufstand schmucker Pau-Puk-Keewis,
Und begann sein mystisch Tanzen.

Tanzt' er erst gemessne Weise,
Langsam sehr in Schritt und Stellung,

Ein und aus und durch die Tannen,
Durch den Schatten und die Sonne,
Leise tretend wie ein Panther,
Schneller und dann immer schneller,
Wirbelnd, drehend sich in Kreisen,
Springend übers Haupt der Gäste,
Wirbelnd um und um den Wigwam,
Bis das Laub ging wirbelnd mit ihm,
Bis zusammen Staub und Sturmwind
Rund um ihn in Wirbeln kreisten.

Drauf hinauf, hinab den sand'gen
Rand des Sees, des Groß-See-Wassers,
Eilt' er mit verzückten Mienen,
Stampfte auf den Sand, und warf ihn
Um sich wild hoch in die Lüfte;
Bis zum Wirbelwind der Wind ward,
Bis gleichwie ein großer Schneefall
Übers Land der Sand einhertrieb,
Dünen häufend rings am Ufer,
Nagow Wudjoos sand'ge Hügel.

Also tanzte Pau-Puk-Keewis
Seinen Bettlertanz den Gästen,
Kehrt', und setzte sich mit Lachen
Wieder in den Kreis der Gäste,
Saß und fächelte sich ruhig
Mit dem Truthahnfedernfächer.

Bat man drauf den Chibiabos,
Ihn den Freund des Hiawatha,
Ihn den süßesten der Singer,
Besten auch der Musikanten:
»Sing', o sing' uns, Chibiabos,
Lied der Liebe, Lied der Sehnsucht,
Daß die Hochzeit lust'ger werde,
Munterer die Zeit verfließe,
Mehr die Gäste sich Vergnügen!«

Und der sanfte Chibiabos
Sang in Tönen süß und zärtlich,
Sang in Lauten, tief bewegten,
Lied der Liebe, Lied der Sehnsucht;
Immer schau'nd auf Hiawatha,
Schauend auch auf LachendWasser,
Sang er weich, sang solchermaßen:

»Onaway! Wach' auf, Geliebte!«
Du des Waldes wilde Blume!
Du der Steppe wilder Vogel!
Du mit Augen sanft und rehgleich!

»Onaway! Wenn du mich anblickst,
Bin ich glücklich, bin ich glücklich,
Wie die Lilien der Steppe,
Wenn den Tau sie auf sich fühlen!

»Süß dein Atem wie das Düften
Wilder Blumen früh am Morgen:
Süß auch, wie ihr Duft am Abend,
In dem Mond, wenn Blätter welken!

»Onaway! Springt' all mein Blut nicht
Dir entgegen, dir entgegen,
Wie dem Sonnenschein die Quellen
In dem Mond der hellsten Nächte?

»Onaway! Wach' auf! Dir singt mein
Herz vor Lust, wenn du mir nah bist,
Wie die Zweige, seufzend, singend,
In dem lust'gen Mond der Erdbeer'n.

»Bist du heiter nicht, Geliebte,
Trüb und dunkel ist mein Herz dann,
Wie der blanke Fluß sich dunkelt,
Fallen Schatten von den Wolken!

»Wenn du lächelst, o Geliebte,
Hell wird mein verstörtes Herz dann,
Wie die Wellchen in der Sonne,
Die der kalte Wind gekräuselt!

»Lächeln Erde und Gewässer,
Lächeln über uns die Himmel,
Doch ich weiß nicht mehr zu lächeln,
Wenn du fürder mir nicht nah bist!

»Ich – ich selbst! O sieh', o sieh' mich!
Blut du meines schlagenden Herzens!
O wach' auf, wach' auf, Geliebte!
Onaway, wach' auf, Geliebte!«

So sein Lied der Lieb' und Sehnsucht
Sang der sanfte Chibiabos;
Und Jagoo, er der Prahler,
Er der Fabler und Erzähler,
Er der Freund auch der Nokomis,
Eifersüchtig auf den Singer,
Auf das Lob, das ihm gezollt ward,
Sah rundum in allen Augen,
Sah in Blicken und Gebärden,
Daß die Gäste rings im Kreise
Gern jetzt seine Märchen hörten,
Seine bodenlosen Lügen.

Äußerst prahlhaft war Jagoo;
Hört' er wo ein Abenteuer,
Ihm begegnete ein größ'res;
Hört' er irgend eine Wagtat,
Er tat sicher eine kühn're;
Hört' er wo seltsame Märe,
Er wußt' eine wundersam're.

Wolltet ihr nur auf ihn horchen,
Glauben schenken seinem Prahlen,
So schoß niemand einen Pfeil noch

Halb so weit und hoch wie *er* tat;
Niemand fing so viele Fische,
Tötete so manches Renntier,
Fing in Fallen so viel Biber.

Niemand lief so schnell, wie *er* tat;
Niemand tauchte so, wie er tat;
Niemand schwamm so weit, wie er tat;
Niemand machte solche Reisen,
Niemand sah so viele Wunder,
Als der Wundermann Jagoo,
Er der Fabler, der Erzähler!

Also ward sein Nam' ein Sprichwort,
Ward zum Scherz und zum Gelächter;
Und wenn prahlend wo ein Jäger
Allzusehr pries seine Künste,
Oder wenn ein Krieger, kehrend,
Zu viel sprach von seinen Taten,
Rief der ganze Kreis: »Jagoo!
Zu uns, seht doch, kam Jagoo!«

Er war's, der die Wiege schnitzte
Einst des kleinen Hiawatha,
Der sie schnitt aus Lindenholze,
Und sie band mit Renntiersehnen;
Er war's, der ihn später lehrte,
Pfeil und Bogen sich zu machen:
Bogen aus dem Holz der Esche,
Pfeile aus dem Holz der Eiche.
So im Kreis der Hochzeitsgäste,
So auf Hiawathas Hochzeit,
Saß Jagoo, alt und häßlich,
Saß der Fabler, der Erzähler.

Und es hieß: »Nun denn, Jagoo,
Gib ein Märchen uns zum Besten,
Hören laß ein Abenteuer,
Daß die Hochzeit lust'ger werde,

Munterer die Zeit verfließe,
Mehr die Gäste sich vergnügen!«

Und Jagoo stracks dagegen
Sprach: »Ein Märchen sollt ihr hören,
Sollt die Abenteuer hören
Des Osseo, jenes Zaubrers,
Der vom Abendstern herabkam.«

XII

Der Sohn des Abendsterns.

Kann's die Sonne sein, sich neigend
Überm flachen Wasserspiegel?
Kann der Schwan es sein, der rote,
Fließend, fliegend, wund geschossen
Mit dem Pfeil, dem Zauberpfeile,
Rings die Flut mit Purpur färbend,
Mit dem Purpur seines Herzbluts,
Rings die Luft mit Glanz erfüllend,
Mit dem Glanze seiner Federn?

Ja, es ist die Sonne, sinkend,
Niedersinkend in das Wasser:
Rings die Luft ist rot von Purpur,
Rings das Wasser glüh'nd von Scharlach!
Nein, es ist der Schwan, der rote,
Fließend, tauchend unters Wasser!
Hebt zum Himmel er die Flügel,
Rötet er mit Blut die Wellen!

Über ihm der Stern des Abends
Schmilzt und zittert durch den Purpur,
Zittert aufgehängt im Zwielicht.
Nein, es ist 'ne Wampumperle
Auf dem Kleid des großen Geistes,
Wie er schreitet durch das Zwielicht,
Schweigend durch die Himmel schreitet!

Ihn mit Freude sah Jagoo,
Und er sprach in Hast: »O, seht ihn!
Seht den heil'gen Stern des Abends!
Wunderbares sollt ihr hören,
Die Geschichte von Osseo,
Sohn des Abendsterns, Osseo!

»Einst, in Tagen jetzt verschollen,
Zeiten näher noch dem Anfang,
Als die Himmel nicht so fern, und
Mehr vertraut die Götter waren,
Hoch im Nordland lebt' ein Jäger
Mit zehn jungen holden Töchtern,
Schlank und schwank wie Weidengerten;
Oweenee allein, die Jüngste,
Sie die Eigne, Wunderliche,
Sie die Träumerin, die Stille,
War die schönste der zehn Schwestern.

»Sie nun alle freiten Krieger,
Nahmen tapfre, stolze Männer;
Oweenee allein, die Jüngste,
Lachte spottend ihrer Freier,
Ihrer jungen hübschen Freier,
Nahm zum Manne den Osseo,
Ihn den Alten, arm und häßlich,
Schwach von Alter, schwach von Husten,
Immer hustend wie ein Eichhorn.

»O doch schön und herrlich in ihm
War die Seele des Osseo,
Den der Abendstern entsandte,
Stern des Abends, Stern des Weibes,
Stern der Zärtlichkeit und Liebe.
All' des Sternes Feu'r im Herzen,
Im Gemüt all' seine Schönheit,
Sein Geheimnis all' im Wesen,
All' sein Glänzen trug im Wort er.

»Und die Freier, die Verschmähten,
Schön zumal in Wampumgürteln,
Schön in Farben und in Federn,
Wiesen auf sie hin mit Spotten,
Folgten ihr mit Scherz und Lachen.
Doch sie sprach: »Nach euch nichts frag' ich;
Frage nichts nach euren Gürteln,

Euren Farben, euren Federn,
Euren Scherzen, eurem Lachen;
Ich bin glücklich mit Osseo!«««

»Einst zu einem Fest geladen,
Durch des Abends Graun und Feuchte
Miteinander die zehn Schwestern
Gingen da mit ihren Gatten;
Langsam folgte nach Osseo,
Mit ihm Oweenee die Schöne!
All' die andern schwatzten fröhlich,
Diese zwei nur gingen schweigend.

»Festen Blickes auf zum Himmel
Sah Osseo, gleich als fleht' er;
Stand oft still und blickte flehend
Auf zum Zitterstern des Abends,
Auf zum sanften Stern des Weibes;
Und sie hörten leis ihn murmeln:
»Ah, shoswain nemeshin, Nosa!
Habe Mitleid, o mein Vater!«««

»Sprach die älteste der Schwestern:
»Horcht! er fleht zu seinem Vater!
O, wie schade, daß der Alte
Auf dem Pfade jetzt nicht strauchelt,
Daß er fallend nicht den Hals bricht!«««
Und sie lachten, bis den Forst ihr
Unfein Lachen rings durchgellte.

»Nun, auf ihrem Pfad durchs Waldland
Lag ein Baum, vom Sturm entwurzelt,
Lag ein mächt'ger Stamm der Eiche,
Halb in Laub und Moos begraben,
Faul, zerbröckelnd, groß und hohl auch.
Den gewahrend, tat Osseo
Einen Schrei, tat einen Angstschrei,
Sprang in die weitoffne Höhlung,
Ging hinein zu diesem Ende

Als ein Greis, alt, runzlig, häßlich,
Kam heraus zu jenem wieder
Jung, und schön, und stark, und stattlich.

»So verwandelt ward Osseo,
Also wiederum bekleidet
Neu mit Jugend und mit Schönheit;
Dennoch, Wehe dem Osseo,
Weh' auch Oweenee, der Treuen!
Seltsam auch ward sie verwandelt,
Ward ein schwaches altes Weibchen,
Schwankt' an einem Stabe vorwärts,
Runzlig, abgezehrt und häßlich!
Und die Schwestern und die Männer
Lachten, bis den hallenden Forst ihr
Unfein Lachen rings durchgellte.

»Doch Osseo nicht verließ sie;
Neben ihr langsamen Schrittes
Ging er, nahm sie bei der Hand auch,
Bei der Hand, so braun und dürre,
Wie ein Eichenlaub im Winter;
Hieß sie Liebchen, Nenemoosha,
Tröstete mit leisem Wort sie,
Bis das Festhaus sie erreichten,
Bis im Wigwam sie sich setzten,
Der geweiht dem Stern des Abends,
Ihm dem sanften Stern des Weibes.

»In Gesicht und Traum versunken,
Bei dem Feste saß Osseo;
Alle waren froh und glücklich,
Alle sie, nur nicht Osseo!
Nahm er weder Trank noch Speise,
Sprach er weder, noch auch hört' er,
Saß daselbst wie ein Verwirrter;
Träumerisch und traurig blickend,
Erst auf Oweenee, dann aufwärts,
Auf zum Himmel über ihnen.

»Scholl 'ne Stimme drauf, ein Flüstern,
Kommend aus der sternigen Ferne,
Kommend aus der leeren Weite,
Tief, und wohllautvoll, und zärtlich;
Und die Stimme sprach: »Osseo!
O mein Sohn, mein bestgeliebter!
Der dich band, gelöst der Zauber!
Aller Bann anjetzt gebrochen,
Alle Zaubermacht des Bösen!
Auf zu mir, steig' auf, Osseo!

»Von der Speise nimm, die vor dir;
Sie ist heilig, ist bezaubert,
Sie hat Zauberkräfte in sich,
Wird in einen Geist dich wandeln.
Deine Schalen, deine Kessel
Sollen nimmer Holz und Ton sein,
Wampum sollen sein die Schalen,
Silber sollen sein die Kessel,
Und Wie Scharlachmuscheln leuchten
Sollen sie, wie Feuer glitzern.

»Sollen auch nicht mehr die Weiber
Tragen trübes Los der Arbeit;
Soll'n sie Vögel sein, und glänzen
In des Sternenlichtes Schöne,
Farbig von den düstern Lohen
Abendhimmels, Westgewölkes!««
»Was Osseo hört' als Flüstern,
Was er wohl verstand als Worte,
War nur wie Musik den andern,
Wie das Singen ferner Vögel,
Wie das Singen Whippoormillens,
Einsamferner Wawonaissa,
Singend tief im dunkeln Forste.

»Drauf begann das Haus zu zittern,
Stracks begann es zu erzittern,
Und sie fühlten es sich heben,

Langsam durch die Luft sich heben,
Aus der Finsternis der Wipfel
Aufwärts in das tauige Sternlicht,
Bis es frei ward von den Ästen;
Und von Holz die Schüsseln, siehe!
Waren alle Scharlachmuscheln!
Und die irdnen Kessel, siehe!
Waren alle Silberschalen!
Und des Wigwams Giebelstangen
Funkelten wie Silberstäbe,
Und das Dach von Borke drüber
Glich des Käfers blanken Flügeln.

»Um sich blickte drauf Osseo,
Und er sah die schönen Schwestern,
Sah die Neun und ihre Männer
Vögel allesamt geworden,
Vögel mancherlei Gefieders.
Diese waren Elstern, Amseln,
Jene Drosseln, andre Häher:
Und sie hüpften, sangen, zirpten,
Spreizten sich in ihren Federn,
Schwirrten, flatterten und strotzten,
Schlugen fächergleich die Schwänze.

»Oweenee allein, die Jüngste,
Unverwandelt sah in Schweigen,
Dürr und runzlich, alt und häßlich,
Traurig blickend auf die andern;
Bis Osseo, schauend aufwärts,
Wieder einen Schrei der Angst tat,
Jenem ähnlich, den er ausstieß
Bei dem Eichbaum in dem Forste.

»Kehrt' ihr Jugend drauf und Schönheit,
Und ihr Kleid, beschmutzt, zerrissen,
Ward zu Hermelingewanden,
Und ihr Stab ward eine Feder,
Ja, 'ne lichte Silberfeder!

»Und der Wigwam bebte wieder,
Flog und schwang sich durch die Lüfte,
Flog durch Nebel und durch Wolken,
Ließ, von hellem Glanz umflossen,
Auf den Abendstern herab sich,
Wie auf Flocke fällt die Flocke,
Wie auf einen Fluß ein Blatt sinkt,
Wie der Distelflaum auf Wasser.

»Her mit freud'gem Wort des Willkomms
Kam der Vater des Osseo,
Er mit strahlenden Silberlocken,
Er mit Augen klar und zärtlich.
Und er sprach: »Mein Sohn, Osseo,
Häng' den Käfig, den du bringst dort,
Käfig ihn mit Silberstäben
Und mit buntbeschwingten Vögeln,
An den Türweg meines Wigwams!"«

»An die Tür den Käfig hängt' er,
Und sie traten ein, und fröhlich
Lauschten sie Osseos Vater,
Herrscher ihm des Abendsternes,
Wie er sprach: »O mein Osseo!
Hab' ich deiner mich erbarmt doch!
Machte wieder jung und schön dich!
Wandelte zu bunten Vögeln
Deine Schwestern, deine Schwäger!
Tat es, weil sie dich verspottet,
Als ein Greis du schienst, ein Alter,
Als du trüb erschienst und runzlig!
Weil dein Herz sie nicht erkannten,
Noch auch deine ew'ge Jugend!
Oweenee allein, die Treue,
Sah dein Herz, und hatte lieb dich!

»In der Hütte, die dort schimmert
In dem kleinen Sterne, blinzelnd
Durch die Nebel uns zur Linken,

Lebt der böse Geist, der Neider,
Der Wabeno, er der Zaubrer,
Der dich wandelte zum Greise.
Hüte dich vor seinen Strahlen,
Denn, die er verschießt, die Strahlen
Sind die Kraft, mit der er zaubert,
Sind die Pfeile, die ihm dienen.««

»Manches Jahr in Fried' und Ruhe,
Auf dem friedevollen Sterne,
Lebt' Osseo mit dem Vater;
Manches Jahr auch, singend, flatternd,
Hing am Wigwamtor der Käfig
Mit den Stäben blank von Silber,
Und Schön Oweenee, die Treue,
Bracht' Osseo einen Knaben,
Einen Sohn schön wie die Mutter,
Mutig auch gleichwie der Vater.

»Wuchs und wurde stark der Knabe,
Und Osseo, zu erfreun ihn,
Macht' ihm Bogen klein und Pfeile,
Öffnete den Silberkäfig,
Ließ heraus sie, Basen, Ohme,
Vögel sie mit Glanzgefieder,
Daß sein Söhnchen auf sie schösse.

»Und sie kreisten und sie schwirrten,
Fülleten den Stern mit Wohllaut,
Mit dem Lied der Lust und Freiheit;
Fülleten den Stern mit Glänzen,
Mit dem Flattern ihrer Flügel;
Bis der Knab, der kleine Jäger,
Seinen Bogen spannte, bis er
Einen schnellen, bösen Pfeil schoß,
Und ein Vogel, licht von Federn,
Blutend fiel vor seine Füße.

»Doch, o wunderbare Wandlung!
Keinen Vogel sah er vor sich,
Sah ein Weib, ein junges, schönes,
Mit dem Pfeil in ihrem Busen!

»Als ihr Herzblut auf den Stern fiel,
Auf den heil'gen Stern des Abends,
War des Zaubrers Macht gebrochen,
War der seltsamliche machtlos,
Und der Jüngling, er der Schütze,
Fühlte jach sich niederschweben,
Fühlte sich von ungeseh'ner
Hand gehalten, aber sinkend
Abwärts, abwärts durch das Leere,
Durch die Wolken, durch die Nebel,
Bis er ruht' auf einem Eiland,
Einem Eiland, grün und grasreich,
Drüben in dem Groß-See-Wasser.

»Und sich nach vom Himmel fallen
Sah die Vögel er, die bunten,
Abwärts flatternd, abwärts wehend,
Wie des Herbstes bunte Blätter;
Und das Haus mit Silbersparren,
Mit dem Dach gleich Käferflügeln,
Ja, gleich Käferflügeldecken,
Aufgehoben von den Winden,
Sank es langsam auf das Eiland,
Wiederbringend den Osseo,
Bringend Oweenee, die Treue.

»Nahmen wieder dann die Vögel
Ihre menschliche Gestalt an,
Die Gestalt, doch nicht die Größe;
Blieben sie, wie kleine Leute,
Wie die Zwerge, die Puk-Wudjies,
Und in lust'gen Sommernächten,
Wenn, der Abendstern erglänzte,
Tanzten fröhlich Hand in Hand sie

Auf dem Vorland, auf dem fels'gen,
Auf dem Sandgestad, dem flachen.

»Sieht man oft noch ihre Hütte,
Oft in stillen Sommernächten,
Und am Ufer hört der Fischer
Manchmal ihre frohen Stimmen,
Sieht sie tanzen froh im Sternlicht!«

Als nun die Geschichte aus war,
Aus die Mär', die wundersame,
Sah im Kreis sich um Jagoo,
Sagte wichtig: »Große Männer
Gibt es, selber kannt' ich solche,
Die das Volk, bei dem sie lebten,
Nicht verstand, ja sie verhöhnte,
Sie mit Spott und Lachen aufzog.
Zeige, wie es geht den Spöttern,
Die Geschichte von Osseo!«

Lauschten alle Hochzeitsgäste
Hocherfreut der Wundersage,
Lauschten lachend und mit Beifall,
Und sie flüsterten zusammen:
»Meint er *sich* nur, möcht' ich wissen?
Und sind wir die Ohm' und Basen?«

Wieder dann sang Chibiabos,
Sang ein Lied der Lieb und Sehnsucht,
Sang es süß und sang es zärtlich,
Sang's im Tone stiller Trauer;
Eines Mädchens Klage sang er
Um den Liebsten, den Algonkin.

»Wenn ich des Geliebten denke,
Weh' mir! des Geliebten denke,
Wenn mein Herz gedenkt des Liebsten,
O mein Liebster, mein Algonkin!

»Weh' mir! als ich von ihm fortging,
Um den Hals mir hängt' er Wampum,
Als ein Pfand, schneeweißen Wampum,
O mein Liebster, mein Algonkin!

»Ich will mit dir gehn, so haucht' er,
Weh' mir! mit in deine Heimat;
Laß mich mit dir gehn, so haucht' er,
O mein Liebster, mein Algonkin!

»Weit, weit weg, gab ich zur Antwort,
Sehr weit weg, gab ich zur Antwort,
Weh' mir, weit ist meine Heimat,
O mein Liebster, mein Algonkin!

»Als ich umsah, zu erschaun ihn,
Wo wir schieden, zu erschaun ihn,
Blickt' er mir noch nach, o lang noch,
O mein Liebster, mein Algonkin!

»Bei dem Baum noch immer stand er,
Bei dem hingefallnen stand er,
Der entsunken war ins Wasser,
O mein Liebster, mein Algonkin!

»Wenn ich des Geliebten denke,
Weh' mir! des Geliebten denke,
Wenn mein Herz gedenkt des Liebsten,
O mein Liebster, mein Algonkin!«

So war Hiawathas Hochzeit,
So der Tanz des Pau-Pu-Keewis,
So die Märe des Jagoo,
So die Lieder Chibiabos';
Also ging das Fest zu Ende,
Und die Hochzeitsgäste schieden,
Ließen Hiawatha glücklich
Mit der Nacht und Minnehaha.

XIII

Das Segnen der Kornfelder.

Sing', o Sang von Hiawatha,
Von der Zeit des Glücks, die folgte
In dem Land der Tschippewäer,
In dem Lande schön und friedlich!
Die Geheimnisse Mondamins
Sing' uns, und der Felder Segnen.
War das blut'ge Beil begraben,
War versenkt die grause Kriegskeul',
War begraben jede Waffe,
Und der Kriegsruf war vergessen.
Friede herrschte bei den Völkern;
Ungekränkt die Jäger schweiften,
Bauten sich das Boot aus Borke,
Fischten in den Seen und Flüssen,
Schossen Hirsche, fingen Biber;
Ungekränkt die Weiber schafften,
Machten Zucker sich aus Ahorn,
Holten Wildreis in den Wiesen,
Gerbten Hirsch- und Biberfelle.

Standen um das Dorf die Felder,
Stand die Maisflur grün und glänzend,
Wallten rings Mondamins Federn,
Seine weichen, sonnigen Locken,
Allwärts Fülle sie verbreitend.
Waren es des Dorfes Weiber,
Die im Lenz das Feld bepflanzten,
Das Gefilde breit und fruchtbar,
Und Mondamin drin begruben;
Sie auch waren's, die im Herbste
Ab die gelben Hülsen streiften,
Ab die Kleider von Mondamin.
Wie gelehrt es Hiawatha.

Einst, als aller Mais gepflanzt war,
Hiawatha, voll Gedanken,
Sagt' und sprach zu Minnehaha,
Seinem Weibe LachendWasser:
»Heut die Felder sollst du segnen,
Sollst um die von dir bepflanzten
Einen Zauberkreis mir ziehen,
Vor Zerstörung sie zu schützen,
Vor dem Mehltau, vor den Käfern,
Wagemin, dem Dieb der Felder,
Paimosaid, dem Ährenstehldieb!

»In der Nacht, wenn alles Schweigen,
In der Nacht, wenn alles dunkel,
Wenn der Geist des Schlafs, Nepahwin,
Aller Wigwams Türen zuschließt,
Also daß kein Ohr dich hören,
Also daß kein Aug' dich sehn kann:
Schweigend dann steh' auf vom Bette,
Ableg' deine Kleider gänzlich,
Wandle um die selbstbestellten
Felder, um des Kornlands Grenzen,
Nur bedeckt von deinen Locken,
Dunkel wie ein Kind dich hüllend.

»Also wird das Feld mehr tragen,
Und dein Wandeln wird mit einem
Zauberkreis es rund umgürten,
So daß weder Brand noch Mehltau,
Weder wühlender Wurm noch Käfer
Überschreiten diesen Kreis mag;
Nicht die Wasserflieg', Kwo-ne-she,
Noch die Spinne, Subbekashe,
Noch die Heuschreck', Pah-puk-keena,
Noch auch die allmächt'ge Raupe,
Way-muk-kwana, bärenhäutig,
Königin sie von allen Raupen!«

Auf den Wipfeln nah den Feldern
Wiegten sich die Krähn und Raben,
Saßen jene Hungerleider,
Kahgahgee, der Raben König,
Und sein Heer von schwarzen Räubern.
Und sie lachten Hiawathas,
Bis der Bäume schwanke Wipfel
Zitterten von ihrem Lachen,
Ihrem düstern, hohlen Lachen
Zu den Worten Hiawathas.
»Hört ihn,« sagten sie, »den Weisen!
Hört die Tücken Hiawathas!«

Als die stille Nacht herabstieg
Breit und schwarz auf Feld und Waldung,
Als die trübe Wawonaissa
Klagend sang aus hoher Weißtann',
Und der Geist des Schlafs, Nepahwin,
Aller Wigwams Türen zuschloß:
Auf vom Bett stand LachendWasser,
Legt' ab ihre Kleider gänzlich,
Und, ihr Kleid und Schutz das Dunkel,
Unbeschämt und unerschrocken,
Sicher schritt sie um die Felder,
Zog den Zauberkreis, den heil'gen,
Ihrer Stapfen um die Felder.

Niemand, die verschwiegne Nacht nur,
Sah im Dunkel ihre Schönheit;
Niemand, nur die Wawonaissa,
Hörte fliegen ihren Busen;
Guskewau, das Dunkel, barg sie
Dicht in seinem heil'gen Mantel:
Niemand sollte sie erblicken,
Niemand prahlen: »O, ich sah sie!«

Morgens, als der Tag heranbrach,
Kahgahgee, der Raben König,
Rief zusammen seine Räuber,

Krähn und Drosseln, Häher, Raben,
Schreiend auf den dunkeln Wipfeln,
Und stieg nieder, schnell und furchtlos,
Auf die Felder Hiawathas,
Auf die Grabflur des Mondamin.

»Zerr'n wir den Mondamin,« schrien sie,
»Aus dem Grab, drin er begraben!
Jedem Zauberkreis zum Trotze,
Den gezogen LachendWasser!
Allen Stapfen auch, die wandelnd
Minnehaha drauf zurückließ!«

Doch der kluge Hiawatha,
Immer sinnend, sorgend, wachend,
Hatte wohl gehört ihr Lachen,
Als sie hoch vom Baum ihn höhnten.
»Kaw!« sprach er, »ihr meine Raben,
Kahgahgee, mein Rabenkönig,
Lehren will ich euch 'ne Lehre,
Eine nicht so bald vergess'ne!«

Stand er auf vor Tagesanbruch,
Legte Schlingen auf das Feld rings,
Legte Schlingen für die schwarzen Räuber,
Und lag jetzt im Hinterhalte
In dem nahen Fichtenwäldchen,
Harrend auf die Krähn und Drosseln,
Harrend auf die Häh'r und Raben.

Kamen sie bald mit Schrein und Krächzen,
Flügelrauschen, lauten Stimmen,
Her zum Werke der Zerstörung,
Nieder auf das Feld sich lassend,
Grabend tief mit Krall' und Schnabel
Nach dem Leibe des Mondamin.
Und mit allen ihren Künsten,
Ihrem Wissen jeder Kriegslist,
Nahmen wahr sie der Gefahr nicht,

Bis verstrickt ward Krall' und Klaue,
Bis sie sämtlich sich gefangen
Sahn im Netze Hiawathas.
Aus dem Hinterhalte schrecklich
Zwischen sie geschritten kam er,
Und so furchtbar war sein Anblick,
Daß die tapfersten erbebten.
Ohne Gnade schlug er tot sie,
Rechts und links, hier zehn, dort zwanzig,
Und die elendtoten Leiber
Hängt' er auf als Vogelscheuchen
Rund um die geweihten Felder,
Als ein Zeichen seiner Rache,
Als ein Warnmal allen Räubern.

Einzig Kahgahgee, der Führer,
Kahgahgee, der Raben König,
Ward verschont, als eine Geisel
Für sein Volk, von Hiawatha.
Band er ihn mit Schnur und Riemen,
Mit dem Kriegsgefangnen-Riemen,
Führt' ihn mit sich als Gefangnen,
Band ihn fest mit Ulmbastschnüren
An den Gipfelpfahl des Wigwams.

»Kahgahgee, mein Rabe!« sprach er,
»Du der Führer dieser Räuber,
Du der Stifter dieses Unheils,
Der Urheber dieses Schimpfes,
Binden will ich dich und halten,
Für dein Volk als eine Geisel,
Als ein Pfand für gute Führung!«

Und er ließ ihn, grimm und mürrisch,
Sitzend in der Morgensonne
Auf der Giebelfirst des Wigwams,
Krächzend wild sein Mißbehagen,
Schlagend mit den großen Flügeln,

Ringend umsonst um seine Freiheit,
Rufend umsonst nach seinem Volke!

Sommer floh, und Shawondasee
Hauchte rings durchs Land sein Seufzen,
Sandte vom Südland seine Gluten,
Wehte Küsse warm und zärtlich;
Und das Maisfeld wuchs und reifte,
Bis es stand in allem Prangen
Seiner grün und gelben Kleider,
Seiner Quasten, seiner Federn,
Und die Ähren, voll und leuchtend,
Berstender grüner Scheid' entglänzten.

Sprach Nokomis drauf, die Alte,
Sagte sie zu Minnehaha:
»'S ist der Mond, wenn Blätter fallen;
Eingetan ist aller Wildreis,
Und der Mais ist reif und rehe;
Laß uns sammeln drum die Ernte,
Laß uns ringen mit Mondamin,
Ab von ihm die Federn streifen.
Seine grün und gelben Kleider!«

Und die lust'ge LachendWasser
Ging frohlockend aus dem Wigwam,
Samt Nokomis, alt und runzlig,
Und sie riefen rings die Weiber,
Mädchen auch und jungen Männer,
Zu des Korngefildes Ernte,
Zum Enthülsen auch der Maisähr'.

Auf dem Außensaum des Waldes,
Unter duft'gen Tannenbäumen,
Saß der Greise Schar, der Krieger,
Rauchend in dem lust'gen Schatten.
In ununterbroch'nem Schweigen
Sahn sie zu der jungen Männer
Und der Frauen neckender Arbeit,

Lauschten ihrem lauten Sprechen,
Ihrem Lachen, ihrem Singen,
Hörten plaudern sie wie Elstern,
Hörten lachen sie wie Häher,
Singen sie gleich wie Rotkehlchen.
Und wenn wo ein glücklich Mädchen
Fand 'ne rote Ähr' beim Hülsen,
Fand 'ne Maisähr' rot wie Blut ist,
»Noska!« schrien sie all' zusammen,
»Noska! sollst 'nen Liebsten haben,
Einen Mann, der schmuck und stattlich!«
»Ugh!« antworteten die Greise
Her vom Sitz bei ihren Tannen.

Und wenn wo ein Knab, ein Mädchen
Fand 'ne krumme Ähr' beim Hülsen,
Fand 'ne Maisähr' beim Enthülsen,
Brandig, mißgestalt, bemehltaut,
O, dann lachten sie und sangen,
Krochen, hinkten übers Kornfeld,
Machten nach in Gang und Mienen
Irgend einen krummen Alten,
Singend einzeln oder alle:
»Wagemin, der Dieb der Felder!
Paimosaid, der Ährenstehldieb!«

Bis das Feld von Lachen hallte,
Bis von Hiawathas Wigwam
Kahgahgee, der Raben König,
Krisch und bebt' in seinem Zorne,
Und von allen nahen Wipfeln
Krächzeten die schwarzen Räuber.
»Ugh!« antworteten die Greise
Her vom Sitz bei ihren Tannen.

XIV

Bilderschreiben.

Dazumal sprach Hiawatha:
»Seht, wie alles welkt und schwindet!
Im Gedächtnis der Bejahrten
Bleicht die große Überliefrung,
Bleicht und schwindet Tat der Krieger,
Fahrt und Abenteu'r der Jäger,
Alle Weisheit auch der Medas,
Alle Kunst auch der Wabenos,
Alle wunderbaren Träume
Selbst der Jossakeeds, der Seher!

»Große Männer, leider, sterben,
Sterben, ach, und sind vergessen;
Weise sprechen: ihre Worte
Hallen aus im Ohr des Hörers,
Kommen nicht auf die Geschlechter,
Die, noch ungeboren, harren
In dem ernsten, großen Dunkel
Jener stummen Zeit, die sein wird.

»Auf der Väter Grabespfosten
Nirgendwo ein Bild, ein Zeichen;
Wer dort ruht, wir wissen's nimmer;
Wissen nur, es sind die Väter.
Welche Sippe doch die ihre,
Und von welchem alten Totem,
(Sei es Aar, Bär, oder Biber),
Her sie kamen, dies nicht weiß man,
Weiß allein, es sind die Väter.

»Aug' in Aug' zusammen spricht man,
Kann es doch nicht, wenn geschieden,
Kann die Stimme nicht entsenden
Hin zum Freunde, der da fern wohnt;

Kann entsenden keine Botschaft,
Kann entsenden kein Geheimnis,
Ohne daß der Überbringer
Darum wisse, ja vielleicht es
Arg entstelle, es verrate,
Es vor andern offenbare!«

So sprach Hiawatha, wandelnd
In dem einsamöden Forste,
Überlegend tief im Forste
Seines Volkes Heil und Wohlfahrt.

Seine Farben aus dem Waidsack
Nahm er, alle sie verschieden;
Auf den glatten Bast 'ner Birke
Mancherlei Gestalten malt' er,
Eigne, mystische Gestalten;
Jede voll von Sinn; in jeder
Barg ein Wort sich, ein Gedanke.

Gitche Manito, den Mächt'gen,
Ihn den Herrn des Lebens, malt' er
Als ein Ei mit Spitzen; diese
Ragten aus nach den vier Winden;
Allwärts ist der Herr des Lebens,
War die Meinung dieses Zeichens.

Gitche Manito, den Mächt'gen,
Ihn den schrecklichen Geist des Bösen,
Stellt' er dar als eine Schlange,
Als Kenabeek, sie die Schlange.
Äußerst listig, sehr verschlagen
Ist der kriechende Geist des Bösen,
War die Meinung dieses Zeichens.

Leben und Tod als Kreise malt' er,
Weiß das eine, schwarz den andern;
Sonn' und Mond und Sterne malt' er,

Mensch und Tier, Fisch und Gewürme,
Wälder, Berge, Seen und Flüsse.

War ein grader Strich die Erde,
Drob ein Bogen war der Himmel;
Tag, der weiße Raum dazwischen;
Nacht, füllt' er ihn an mit Sternchen;
Links ein Punkt war Sonnenaufgang,
Rechts ein Punkt war Sonnenhingang,
Oben hoch ein Punkt war Mittag;
Und darunter wallende Striche
Waren Regen, wolkig Wetter.

Stapfen, nahend einem Wigwam,
Waren Zeichen froher Ladung,
Zeichen, daß sich Gäste träfen;
Blut'ge Hände, hoch erhoben,
Waren Zeichen der Zerstörung,
Waren feindlich Bild und Zeichen.

Alles dies wies Hiawatha
Seinem Volke, dem erstaunten,
Und legt' aus des Ganzen Meinung,
Sprechend: »Seht, auf euren Gräbern
Ohne Zeichen, ohne Sinnbild,
Ohne Merkmal stehn die Pfosten.
Geht, bemalt sie mit Gestalten!
Jeglichen mit seines Hauses
Sinnbild, seinem eignen Totem;
Also daß, die nach uns kommen,
Kennen sie und unterscheiden!«

Und sie malten auf die Pfosten
Der noch unvergess'nen Gräber
Jeder seinen eignen Totem,
Jeder seines Hauses Zeichen:
Bildnisse von Bär und Renntier,
Kranich, Turteltaube, Biber,
Jedes auf dem Kopfe stehend,

Als ein Zeichen, daß der Eigner
Fortgegangen, daß der Häuptling,
Der getragen dieses Sinnbild,
Drunter lag in Staub und Asche.

Und die Jossakeeds, die Seher,
Die Wabenos auch, die Zaubrer,
Und die Medas, die Arzneier,
Zeichneten auf Bast und Hirschhaut
Bilder stracks für ihre Sänge,
Gaben jedem Sang ein eignes
Zeichen, – grauliche Gestalten,
Seltsamliche, grell gefärbte;
Jede voll von Sinn; jedwede
Einen Zaubersang bedeutend.

War's der große Geist, der Schöpfer,
Blitzend Licht rings durch den Himmel;
War's Kenabeek, sie die Schlange,
Ihren blut'gen Kamm entreckend,
Kriechend, blickend auf zum Himmel;
Dann die Lauscherin, die Sonne,
Und der Mond, verfinstert, sterbend;
Eul' und Adler, Kranich, Falke,
Cormoran, der Zaubervogel;
Männer, ihres Haupts beraubte,
Hoch einer am Himmel wandelnd;
Starre, pfeildurchbohrte Leiber;
Blut'ge Totenhand, gehoben;
Fahn' auf Gräbern; große Führer,
Erd' und Himmel beide packend: –

Dieses waren die Gestalten,
Die auf Birkenbast sie malten
Und auf Haut des roten Hirsches;
Sang der Jagd und Sang des Krieges,
Zaubersang und Arzeneisang,
Alles stand in diesen Bildern;

Jedes war voll eignen Sinnes,
Jedes schrieb besondern Sang auf.

Nicht vergessen war der Liebe
Sang auch, – feinste der Arzneien,
Mächtigster und stärkster Zauber,
Mehr als Krieg und Jagd gefährlich!
Alfo fand man ihn verzeichnet:
Hier das Bild und hier die Deutung!

Eine stehende Gestalt erst,
Bunt gemalt im hellsten Scharlach;
'S ist der Liebende, der Singer,
Und die Deutung: »Meine Farbe
Macht mich mächtig über andre!«

Dann derselbe, sitzend, singend,
Rührend eine Zaubertrommel,
Und die Deutung: »Lausch', o lausche!
Was du hörst, ist meine Stimme!«

Dann dasselbe rote Bildnis,
Sitzend unter einem Wigwam,
Und die Meinung dieses Zeichens:
»Kommen will ich, bei dir sitzen
Im Geheimnis meiner Neigung!«

Zwei Gestalten, Mann und Weib, dann,
Stehend Hand in Hand beisammen,
Ihre Hände so verschlungen,
Daß wie eine Hand sie scheinen;
Und die Worte, so geschrieben,
Sind: »Ich seh' dein Herz und deine
Wang' ist purpurn von Erröten!«

Auf 'ner Insel dann die Jungfrau,
Mitten grad' auf einer Insel;
Und der Sang dazu war dieser:
»Wärst du auch in weiter Ferne,

Wärst auf einer fernen Insel,
Solchen Zauber würf' ich auf dich,
Solche starke Macht der Neigung,
Daß ich stracks dich zu mir zöge!«

Wieder dann dieselbe Jungfrau
Schlafend, und der Liebste bei ihr,
Flüsternd leis in ihren Schlummer,
Sprechend: »Wärst du noch so ferne,
Fern im Land des Schlafs und Schweigens,
Würde doch der Liebe Stimme,
Würde dort selbst dich erreichen!«

Und das letzte aller Bilder
War ein Herz in einem Kreise,
Recht in einem Zauberkreise,
Und das Bild besagte dieses:
»Nackt vor Augen liegt dein Herz mir,
Deinem nackten Herzen flüstr' ich!«

Also war's, daß Hiawatha
Wies dem Volk in seiner Weisheit
Die Geheimnisse des Malens,
Samt der Kunst des Bilderschreibens
Auf den glatten Bast der Birke,
Auf die weiße Haut des Renntiers,
Auf den Grabpfahl vor dem Dorfe.

XV

Hiawathas Klage.

Dazumal die bösen Geister,
Alle Manitos des Unheils,
Fürchtend Hiawathas Weisheit,
Seine Liebe zu Chibiabos,
Neidisch auch auf beider Freundschaft,
Auf ihr edel Tun und Reden,
Machten wider sie ein Bündnis,
Sie zu quälen, sie zu töten.

Hiawatha, klug und kundig,
Sprach oftmals zu Chibiabos:
»O mein Bruder, bleibe bei mir,
Daß die Geister dich nicht schäd'gen!«
Chibiabos, jung und sorglos,
Lachend warf sein kohlschwarz Haupthaar,
Gab zur Antwort sanft und kindlich:
»Fürchte nicht für mich, mein Bruder,
Harm und Übel bleiben fern mir!«

Einst, als Peboan, der Winter,
Übern Groß-See schlug ein Eisdach,
Als Schneeflocken, wirbelnd abwärts,
Zischten in das welke Eichlaub,
Tannen wandelten in Wigwams,
Hüllten rings die Welt in Schweigen,
Da, bewehrt mit seinen Pfeilen,
Da, beschuht mit seinen Schneeschuhn,
Achtend nicht des Bruders Warnung,
Fürchtend nicht die bösen Geister,
Auf des Hirschen Jagd mit Enden
Ganz allein ging Chibiabos.

Gradwegs übers Groß-See-Wasser
Hastig sprang der Hirsch voraus ihm.

Schnell mit Wind und Schneeflug folgt' er,
Übers Eis, das falsche, folgt' er,
Wild und heiß von der Erregung,
Von der grimmigen Lust des Jagens.

Aber unten, seiner harrend,
Lagen im Versteck die Bösen,
Brachen unter ihm das Trugeis,
Schleppten abwärts auf den Grund ihn,
Scharrten seinen Leib in Sand ein.
Unktahee, der Gott des Wassers,
Er der Abgott der Dacotahs,
Er ertränkt' ihn in den tiefen
Schlünden dort des Gitche Gumee.

Von den Hügeln Hiawatha
Sandte solchen Ruf der Klage,
Solch entsetzlichgrausen Wehruf,
Daß der Bison stand zu horchen,
Daß die Wölfe von den Steppen
Heulten, und fernab der Donner
Wach ward, und dreinsprach: »Baim-wawa!«

Malt' er schwarz darauf sein Antlitz,
Barg sein Haupt in seinem Kleide,
Saß in seinem Wigwam klagend,
Sieben lange Wochen klagend,
Allzeit rufend seinen Leidruf:

»Er ist tot, der süße Singer!
Tot, der süßeste der Singer!
Er ging von uns, ging für immer,
Er verzog ein wenig näher
Zu dem Meister alles Wohllauts,
Zu dem Meister alles Singens,
O mein Bruder, Chibiabos!«

Und die traurigöden Fichten
Schwangen über seinem Haupte

Ihre dunkelgrünen Fächer,
Schwangen ihre Purpurzapfen,
Seufzend mit ihm, ihn zu trösten,
Mischend ein in seine Klage
Ihren Kummer, ihren Wehlaut.

Kam der Lenz, und sah der Wald aus,
Ach umsonst, nach Chibiabos;
Seufzete um ihn das Bächlein,
Seufzete die Sebowisha,
Seufzete das Rohr der Wiese.

Von den Wipfeln sang Owaissa,
Sang Owaissa, blauer Vogel:
»Chibiabos, Chibiabos!
Er ist tot, der süße Singer!«

Von dem Wigwam sang die Rotbrust,
Sang die Rotbrust, die Opechee:
»Chibiabos, Chibiabos!
Tot der süßeste der Singer!«

Und bei Nacht rings durch die Waldung
Ging der Whippoorwill, und klagte,
Klagend ging die Wawonaissa:
»Chibiabos, Chibiabos!»
Er ist tot, der süße Singer!
Tot der süßeste der Singer!«

Drauf die Medas, die Arzneier,
Die Wabenos auch, die Zaubrer,
Und die Jossakeeds, die Seher,
Sprachen ein bei Hiawatha;
Bauten eine heil'ge Hütte,
Ihn zu trösten, zu beschwicht'gen,
Hielten schweigend ernsten Umgang,
Jeder tragend einen Heilsack,
(Biberfell, Luchs, oder Otter),

Voll von Zauberkraut und Wurzeln,
Voll sehr starker Arzeneien.

Als ihr Schritt zu ihm heranscholl,
Ließ sein Klagen Hiawatha,
Rief nicht mehr nach Chibiabos;
Fragte nicht, noch gab er Antwort,
Doch sein trauernd Haupt enthüllt' er,
Vom Gesicht die Trauerfarben
Wusch er, langsam und in Schweigen,
Langsam und in Schweigen folgt' er
Fürbaß nach dem heil'gen Wigwam.

Einen Zaubertrank daselbsten
Trinken mußt' er, zubereitet
Aus Wabeno-wusk, Schafgarbe,
Und aus Nahma-wusk, Speermünze,
Kräftigen Wurzeln, guten Kräutern;
Und sie schlugen ihre Trommeln,
Und sie schwangen ihre Klappern,
Sangen einzeln und zusammen,
Sangen Zaubersang gleich diesem:

»Ich – ich selbst! O seht, o seht mich!
'S ist der große graue Adler,
Der da spricht, der zu euch redet;
Kommt, ihr weißen Krähn, und hört ihn!
Der lautredende Donner hilft mir;
Alle ungeseh'nen Geister
Helfen mir; ich hör' ihr Rufen,
Höre sie rund um den Himmel!
Stark kann ich dich hauchen, Bruder,
Heilen dich, o Hiawatha!«

»Hi-au-ha!« fiel dumpf der Chor ein,
»Way-ha-way!« der Zauber-Chorsang.

»Freund, mit mir sind alle Schlangen;
Hört mein Falkenfell mich schütteln!

Mahng, den Taucher, kann ich töten;
Treffen auch dein Herz und töten!
Stark kann ich dich hauchen, Bruder,
Heilen dich, o Hiawatha!«

»Hi-au-ha!« fiel dumpf der Chor ein,
»Way-ha-way!« der Zauber-Chorsang.

»Ich – ich selbst, ich selbst! der Seher!
Wenn ich spreche, bebt der Wigwam,
Bebt entsetzt die heil'ge Hütte,
Schüttelt ungeseh'ne Hand sie!
Wandl' ich, kracht, auf den ich trete,
Biegt sich unter mir der Himmel!
Stark kann ich dich hauchen, Bruder!
Auf, und rede, Hiawatha!«

»Hi-au-ha!« fiel dumpf der Chor ein,
»Way-ha-Way!« der Zauber-Chorsang.

Schwang drauf jeder den Arzneisack
Überm Haupte Hiawathas,
Tanzt' um ihn den Arzeneitanz;
Und auffahrend wild und hager,
Wie ein Mann, erwacht aus Träumen,
War er heil und war genesen.
Wie Gewölk fortweht vom Himmel,
Stracks aus seinem Hirn so schieden
All' sein Brüten, all' sein Trübsinn:
Wie das Eis schießt aus den Flüssen,
Stracks aus seiner Brust so schieden
All' sein Leid und all' sein Kummer.

Drauf aus seiner Gruft im Wasser
Riefen sie den Chibiabos,
Riefen Hiawathas Bruder
Auf vom Sande Gitche Gumees.
Und so mächtig war der Zauber
Ihres Rufs und ihrer Ladung,

Daß er, wo er lag, sie hörte,
Unten tief im Groß-See-Wasser.
Hub er sich vom Sand und lauschte,
Hört' ihr Spiel und hört' ihr Singen,
Kam, gehorsam ihrer Fordrung,
Zu des Zauberwigwams Türweg,
Doch sie wehrten seinem Eintritt.

Durch ein Ritzlein eine Kohle,
Durch die Tür ein brennend Feu'rholz
Gaben sie dem Chibiabos;
Machten Herrscher ihn der Toten,
Herrscher ihn im Land der Geister,
Hießen ihn ein Feu'r entzünden
Allen, die von nun an stürben,
Lagerfeu'r für ihre Nachtrast
Auf der einsamöden Reise
In das Königreich Ponemah,
In das Wohnland des Nachdiesem.

Von dem Dörfchen seiner Kindheit,
Von den Feuerstätten derer,
Aller derer, die ihn kannten,
Stumm hingleitend durch die Waldung,
Wie ein Rauch geweht zur Seite,
Langsam so schwand Chibiabos.
Wo er glitt, nicht rührt' ein Zweig sich,
Wo er trat, nicht bog das Gras sich,
Und des letzten Jahres Laubfall
Rauschte nicht von seinen Füßen.

Reist' er so vier ganze Tage
Fürbaß auf dem Pfad der Toten;
Aß des toten Mannes Erdbeer',
Überschritt den düstern Fluß auch,
Tat es auf dem losen Baumstamm,
Kam zum Silbersee, dem lichten,
Ward im Steinboot dann getragen

Zu den Inseln der Glücksel'gen,
In der Seelen Land, der Schatten.

Auf der Reise, langsam ziehend,
Viele müde Geister sah er,
Ächzend unter schweren Bürden,
Keulen tragend, Bogen, Pfeile,
Pelzgewande, Töpfe, Kessel,
Nahrung auch, geschenkt von Freunden
Für die einsamöde Reise.

»Oh, warum nur die Lebend'gen,«
Sagten sie, »uns so belasten!
Besser wär' es, nackt zu gehen,
Besser wär's, zu gehen hungrig,
Als zu tragen solche Bürden
Auf der Reise lang und mühvoll!«

Nun hinaus schritt Hiawatha,
Wallte ostwärts, wallte westwärts.
Lehrt' und unterwies die Menschen.
Lehrte den Gebrauch der Kräuter,
Wies das Gegengift für Gifte,
Und die Heilung aller Krankheit.
Also ward zuerst den Menschen
Das Geheimnis kund Medamins
Und die heil'ge Kunst des Heilens.

XVI

Pau-Puk-Keewis.

Höret nun, wie Pau-Puk-Keewis,
Er der schmucke Yenadizze,
Den die Leute Sturmnarr hießen,
Ärgerte das Dorf mit Störung;
Höret nun all' seine Untat,
Seine Flucht vor Hiawatha,
Sein erstaunlich Sichverwandeln,
Und das Ende seiner Fahrten.

An den Ufern Gitche Gumees,
Auf den Dünen Nagow Wudjoos,
Nah' dem blanken Groß-See-Wasser
Stand das Haus des Pau-Puk-Keewis.
Er war's, der dort in Verzückung
Wirbelte zuhauf den Treibsand
Auf den Dünen Nagow-Wudjoos,
Als, im Kreis der frohen Gäste,
Er so lustig und so närrisch
Tanzt' auf Hiawathas Hochzeit,
Tanzte, daß er sie vergnüge,
Seinen Bettlertanz den Gästen.

Neue Abenteu'r zu suchen,
Ging von Haus nun Pau-Puk-Keewis,
Kam hinein ins Dorf mit Eile,
Fand die jungen Männer sämtlich
In der Hütte des Jagoo,
Fand sie lauschend seinen Fabeln,
Lauschend seinen großen Worten.

Sagt' er ihnen die Geschichte
Von Ojeeg, dem Sommermacher,
Wie ein Loch er in den Himmel
Sprang, hineinklomm in den Himmel,

Und heraus das Sommerwetter
Ließ, den ew'gen lust'gen Sommer;
Wie's die Otter erst versuchte,
Wie dann Luchs, und Dachs, und Biber
Reihum an das Werk sich machten,
Von dem Gipfel des Gebirges
Fäustlings an den Himmel schlugen,
Mit den Stirnen ihn berannten,
Rissig machten, doch nicht brachen;
Wie der Vielfraß, sich erhebend,
Für die Tat sich fertig machte,
Knie gebogen, wie ein Eichhorn,
Arme rückwärts, wie ein Heimchen.

»Einmal sprang er,« sagt' Jagoo,
»Einmal sprang er, sieh'! und ob ihm
Bog der Himmel sich, wie Flußeis,
Wenn die Wasser drunter steigen;
Zweimal sprang er, sieh'! und ob ihm
Riß der Himmel, gleichwie Flußeis,
Wenn die Süßflut ist am höchsten!
Dreimal sprang er, sieh'! und ob ihm
Barst der Himmel auseinander,
Und im berstenden verschwand er,
Und Ojeeg, das Fischerwiesel,
Sprünglings folgt' ihm durch die Öffnung!«

»Hört nun, ihr!« rief Pau-Puk-Keewis,
Als er eintrat durch den Türweg,
»Satt nun hab' ich all' dies Reden,
Satt Jagoos Fabeleien,
Satt die Weisheit Hiawathas.
Hier ist andre Unterhaltung,
Bessre als dies ew'ge Schwatzen!«

Aus der Tasche drauf von Wolfshaut
Zog er feierlich das ganze
Spiel des Hohlnapfs und der Marken,
Pugasaing, mit dreizehn Steinen.

Weiß gemalt auf einer Seite,
Waren rot sie auf der andern: –
Zwei Kenabeeks, große Schlangen,
Zwei Ininewug, Keilmänner,
Eine Kriegskeul', Puggawaugun,
Und ein dünner Fisch, der Keego,
Vier Rundsteine, Ozawabeeks,
Und drei Sheshebwug, Entvöglein.
Alle beinern und bemalt sie,
Einzig nicht die Ozawabeeks;
Diese waren Erz, auf einer
Seite blank, schwarz auf der andern.

Tat er sie in einen Holznapf,
Schüttelte sie durcheinander,
Warf sie auf den Boden vor sich,
Also rufend und erklärend:
»Rot liegt oben, alle Steine;
Steht auch eine der Kenabeeks
Auf 'nes Rundstücks heller Seite,
Auf 'nem blanken Ozawabeek;
Dreizehn Zehner macht's und achte!«

Wieder schüttelte die Stein' er,
Schüttelte sie durcheinander,
Warf sie auf den Boden vor sich,
Stets noch rufend und erklärend:
»Weiß die beiden großen Schlangen,
Weiß Ininewug, die Männer,
Rot sind all die andern Steine!
Macht fünf Zehner es und achte!«

Lehrt' er also sie das Glücksspiel,
Zeigt' es also, und erklärt es,
Rasch durchlaufend seine Wechsel
Alle seinen Sinn und Zufall:
Zwanzig Augen starrten an ihn,
Groß und gierig starrten an ihn.
»Manches Spiel,« sprach nun Jagoo,

»Spiel der Fertigkeit des Zufalls,
Sah ich bei verschiednen Völkern,
Spielt' ich in verschiednen Ländern.
Ja, wer spielt mit dem Jagoo,
Muß sehr flinke Finger haben.
Hältst du dich für sehr geschickt auch,
Schlag'ich doch dich, Pau-Puk-Keewis,
Kann dich meistern selbst in deinem
Spiel des Hohlnapfs und der Marken!«

Also saßen sie und spielten,
Greise sie und junge Männer,
Spielten um Kleider, Waffen, Wampum,
Spielten bis zur Nacht, zum Morgen,
Spielten bis der Yenadizze,
Bis der list'ge Pau-Puk-Keewis
Sie beraubt all ihrer Schätze,
Aller ihrer besten Kleider,
Ihrer Hirsch- und Wieselröcke,
Ihres Wampums, ihrer Federn,
Ihrer Waffen, Pfeifen, Taschen.
Zwanzig Augen starrten an ihn,
Wild, wolfsäugig starrten an ihn.

Sprach das Glückskind Pau-Puk-Keewis:
»Weil' ich einsamlich im Wigwam;
Fehlt auf meinen Wanderzügen,
Meinen Fahrten ein Genoß mir;
Tut mir not ein Meshinauwa,
Ein Gesell und Pfeifenträger.
Setz' ich drum, all den Gewinnst hier,
All' die Kleider hier rund um mich,
Allen Wampum, alle Federn,
Setz' ich sie auf einen Wurf drum
Alle gegen jenen Jüngling!«
'S war ein Knab von sechzehn Sommern,
'S war ein Neffe des Jagoo;
Stirn-im-Nebel hieß das Volk ihn.

Wie das Feu'r im Kopf der Pfeife
Dunkelrot brennt unter Aschen,
Also unter zottigen Brauen
Glühten des Jagoo Augen.
»Ugh!« zur Antwort gab er trotzig;
»Ugh!« zur Antwort gaben alle.

Nahm der alte Mann den Holznapf;
Fest in seine knochigen Finger
Preßt' er den verhängnisvollen,
Ihn den Schicksalsnapf, Onagon;
Schüttelte wild ihn und wütend,
Ließ die Steine rasselnd springen,
Als er grimm sie vor sich hinwarf.

Waren rot die zwei Kenabeeks,
Rot Ininewug, die Männer,
Rot die Sheshebwug, die Entlein,
Schwarz die vier Erz-Ozawabeeks,
Weiß allein der Fisch, der Keego;
Zählten fünf nur alle Steine.

Drauf mit Lächeln Pau-Puk-Keewis
Schwang den Napf, und warf die Steine;
Leichthin warf er in die Luft sie,
Und sie fielen hier und dorten: –
Schwarz und blank die Ozawabeeks,
Rot und weiß die andern Steine,
Und aufrecht stand bei den andern
Ein Ininewug, ein einz'ger,
Grad' wie list'ger Pau-Puk-Keewis
Stand allein im Kreis der Spieler,
Sprechend: »Fünf mal zehn! Gewonnen!«

Zwanzig Augen starrten an ihn,
Wild, wolfsäugig, starrten an ihn,
Als er nun verließ den Wigwam,
Hinter sich den Meshinauwa
Ihn den Neffen des Jagoo,

Ihn den Anmutvollen, Schlanken,
Der im Arm trug die Gewinnste,
Hirschhauthemden, Hermelinzeug,
Wampumgürtel, Pfeifen, Waffen.

»Bringe sie,« sprach Pau-Puk-Keewis,
(Und sein Fächer wies die Richtung)
»Ostenwärts in meinen Wigwam
Auf den Dünen Nagow Wudjoos!«

Heiß und rot von Rauch und Spielen
Waren Pau-Puk-Keewis Augen,
Als hinaus er in die Frische
Trat des lust'gen Sommermorgens.
Alle Vögel sangen fröhlich,
Alle Bächlein strömten eilig,
Und das Herz des Pau-Puk-Keewis
Sang vor Freude, wie die Vögel,
Sprang vor Siegslust, wie die Bächlein,
Als er hinschritt durch das Dörfchen
In dem frühen Grau des Morgens,
Mit dem Truthahnfedernfächer,
Mit den Federn und den Quasten,
Quasten aus dem Flaum des Schwanen,
Bis er stand am letzten Wigwam,
Stand am Hause Hiawathas.

Schweigend war es und verlassen;
Niemand traf ihn unterm Türweg,
Niemand kam und sprach: »Willkommen!«
Drum herum doch sangen die Vögel,
Ein und aus und um den Türweg,
Hüpfend, singend, flatternd, pickend,
Und hoch auf der Giebelstange
Saß mit feurig glüh'nden Augen
Kahgahgee, der Raben König,
Krisch und klappte mit den Flügeln,
Schlug damit nach Pau-Puk-Keewis.

»Alle fort! Leer ist die Hütte!«
So nun sagte Pau-Puk-Keewis,
Unheil brütend in der Seele;
»Fort der schlaue Hiawatha,
Fort die dumme LachendWasser,
Fort das alte Weib Nokomis,
Leer und unbewacht die Hütte!«

Packt' er um den Hals den Raben,
Schwang ihn rund wie eine Rassel,
Rund wie einen Arzeneisack,
Würgte Kahgahgee, den Raben,
Ließ vom Giebelpfahl des Wigwams
Niederhangen seinen Leichnam,
Als 'nen Schimpf für seinen Meister,
Eine Schmach für Hiawatha.

Trat er ein verstohlnen Schrittes,
Warf den Hausrat durcheinander,
Rings durchs Haus in wildem Wirrwarr,
Häuft empor in krausem Stapel
Holzgeschirr und irdne Kessel,
Büffelkleider, Biberkleider,
Fell von Otter, Luchs und Wiesel,
Als 'nen Schimpf für die Nokomis,
Eine Schmach für Minnehaha.

Ging hinaus dann Pau-Puk-Keewis.
Pfeifend, singend durch den Forst hin,
Pfeifend fröhlich jedem Eichhorn,
Das herab aus hohlem Baumast
Ihn bewarf mit Eichelschalen,
Singend fröhlich jedem Vöglein,
Das herab aus laubigem Dunkel
Antwort sang, froh wie er selber.

Klomm er dann aufs fels'ge Vorland,
Außschau'nd übern Gitche Gumee,
Setzte sich auf seinen Gipfel,

Wartete voll Lust und Bosheit
Auf die Rückkehr Hiawathas.

Streckt' er aus sich auf den Rücken;
Unter ihm das Wasser platschte,
Platscht' und wusch das träumerische;
über ihm hoch schwamm der Himmel,
Schwindlig hoch der träumerische;
Um ihn flatterten und rauschten
Hiawathas Bergwald-Küchlein,
Schwirrten, kreisten truppweis um ihn,
Streiften fast ihn mit den Schwingen.

Und er schlug sie tot im Liegen,
Würgte sie, hier zehn, dort zwanzig,
Warf hinunter sie das Vorland,
Warf hinab sie auf den Sandstrand,
Bis zuletzt Kayoshk, die Möwe,
Über ihnen auf 'ner Klippe,
Ausrief: »Es ist Pau-Puk-Keewis!
Schlägt bei Hunderten er tot uns!
Sendet Botschaft unserm Bruder,
Zeitung schickt an Hiawatha!«

XVII

Die Verfolgung des Pau-Puk-Keewis.

Voll von Zorn war Hiawatha,
Als er nun zum Dorf hineinkam,
Ratlos und bestürzt das Volk fand,
Alle Schelmenstreiche hörte,
Alle Tat und alle Tücke
Des verschlagnen Pau-Puk-Keewis.

Kam sein Hauch hart durch die Nüstern,
Summt' und murrt' er durch die Zähne
Wort des Grimms und Wort der Rache,
Heiß und summend, wie 'ne Horniß.
»Töten will ich diesen Unnutz,«
Sprach er, »diesen Pau-Puk-Keewis!
Ist so lang und weit die Welt nicht,
Ist so hart und rauh der Weg nicht,
Daß mein Zürnen ihn nicht fasse,
Meine Rach' ihn nicht erreiche!«

Rasch sodann von hinnen zogen
Hiawatha und die Jäger
Auf der Spur des Pau-Puk-Keewis,
Durch den Wald, wo er hindurchschritt,
Hin zum Vorland, wo er ruhte;
Doch sie fanden ihn daselbst nicht,
Fanden im zertretnen Grase,
In den Heidelbeerenbüschen,
Nur die Statt, wo er gelegen,
Nur den Abdruck seines Leibes.

Aus der Niedrung unter ihnen,
Aus der Muskoday, der Wiese,
Macht', im Umschau'n, Pau-Puk-Keewis
Die Gebärde noch des Trotzes,
Macht' ein Zeichen noch des Hohnes,

Und ganz laut rief Hiawatha,
Von dem Gipfel des Gebirges:
»Ist so lang und weit die Welt nicht,
Ist so hart und rauh der Weg nicht,
Daß mein Zorn dich nicht ereile,
Meine Rache dich nicht fasse!«

Über Felsen, über Flüsse,
Durch Gestrüpp und Busch und Waldbruch,
Lief der list'ge Pau-Puk-Keewis,
Lief und sprang wie eine Hirschgeiß,
Bis er stand vor einem Bächlein
Tief im Innersten des Forstes,
Vor 'nem Bächlein still und ruhig,
Ausgetreten aus den Ufern,
Vor 'nem Damm gemacht von Bibern,
Vor 'nem Teiche stillen Wassers,
Wo knietief die Bäume standen,
Wo die Wasserlilien flossen,
Wo das Röhricht wispernd wallte.

Auf dem Damm stand Pau-Puk-Keewis,
Auf dem Damm aus Stamm und Astwerk;
Schoß die Flut durch Dammes Ritzen,
Strömte drüberhin das Bächlein.
Und vom Grund aufstieg ein Biber,
Sah erstaunt mit großen Augen,
Augen die zu fragen schienen,
Auf den Fremdling, Pau-Puk-Keewis.

Auf dem Damm stand Pau-Puk-Keewis,
Stand im Bach bis an die Knöchel,
Stand im silberlichten Wasser,
Und er redete zum Biber,
Sprach mit Lächeln solchermaßen:

»O mein Freund Ahmeek, mein Biber,
Kühl und lustig ist das Wasser,
Laß mich tauchen in das Wasser,

Laß mich ruhn in euren Hütten;
Mach' auch mich zu einem Biber!«

Sehr vorsichtig sprach der Biber,
Gab mit Rückhalt dies zur Antwort:
»Laß mich erst nur Rates pflegen,
Fragen erst die andern Biber!«
Und er sank hinab ins Wasser,
Schwer versank er, wie ein Stein sinkt,
Nieder in die Äst' und Blätter,
In des Grundes bräunlich Flechtwerk.
Auf dem Damm stand Pau-Puk-Keewis;
Schoß die Flut um seine Knöchel,
Spritzte unten durch die Ritzen,
Platschte abwärts auf die Steine,
Dehnte klar und still sich vor ihm,
Und das Licht zusamt dem Schatten
Fiel gesprenkelt auf ihn nieder,
Fiel in kleinen glänzenden Flecken
Durch die weh'nden, rauschenden Zweige.

Stiegen auf vom Grund die Biber,
Schweigend an die Oberfläche
Stieg ein Kopf und dann ein andrer,
Bis der Teich voll schien von Bibern,
Voll von blanken Schwarzgesichtern.

Sagte bittweis Pau-Puk-Keewis
Zu den Bibern, sagte dies nun:
»Äußerst schön ist eure Wohnung,
Meine Freunde! schön und sicher;
Könnt ihr nicht mit euren Listen,
Eurer Weisheit und Erfindung,
Mich auch zu 'nem Biber machen?«

»Ja doch!« sprach Ahmeek, der Biber,
Er der König aller Biber,
»Laß hinab zu uns dich gleiten,
Nieder in das stille Wasser!«

In den Teich hinab zu ihnen
Sank mit Schweigen Pau-Puk-Keewis,
Wurde schwarz sein Hemd aus Hirschfell,
Wurden schwarz auch seine Strümpfe,
Seine Mokassins imgleichen,
Und zum Schwanze, breit und schwärzlich,
Hinter ihm ging auseinander
Fransenwerk und buschiger Fuchsschwanz;
Er war richtig nun ein Biber.

»Macht mich groß,« sprach Pau-Puk-Keewis,
»Macht mich groß, und macht mich größer,
Größer als die andern Biber!«
»Ja doch!« sprach der Biberhäuptling,
»Komm nur erst in unsern Wigwam,
Dorten machen wir dich größer,
Zehnmal größer als die andern!«

So ins klare, braune Wasser
Sank mit Schweigen Pau-Puk-Keewis,
Fand bedeckt den Grund des Teiches
Mit Baumstämmen, Zweigen, Ästen,
Reichem Vorrat für den Winter,
Haufen Vorrats für den Hunger,
Fand den Bau mit wölb'gem Türweg,
Führend in geraume Kammern.

Hier nun ward er groß und größer,
Ward der größeste der Biber,
Zehnmal größer als die andern.
»Du sollst unser Herr sein,« hieß es
»Fürst und Häuptling aller Biber!«

Doch nicht lange so gesessen
Hatt'im Staat er bei den Bibern,
Als ein Warnruf ward vernommen
Von der Wacht auf ihrem Posten
In den Schilfen und den Lilien,

Sagend: »Hier ist Hiawatha!
Hiawatha mit den Jägern!«

Drauf ein Schrein zu ihren Häupten
Hörten sie, ein Schrein und Stampfen,
Hörten ein Krachen und ein Rauschen,
Und das Wasser rings im Teiche
Sank und schlurft' hinweg in Wirbeln,
Und sie wußten, daß ihr Damm brach.

Sprangen auf den Bau die Jäger,
Traten ein das Dach der Hütte;
Schien die Sonne durch die Spalte,
Flohn die Biber durch den Türweg,
Bargen sich in tieferm Wasser,
Unten in des Bächleins Rinnsal;
Doch der mächt'ge Pau-Puk-Keewis
Ging nicht durch den engen Türweg;
Bläht' ihn Stolz, und bläht' ihn Schmausen,
Strotzt' er, bauchig wie 'ne Blase.

Durch das Dach sah Hiawatha,
Rief ganz laut: »O Pau-Puk-Keewis!
Eitel, Freund, all' deine Listen,
Eitel all' dein Dichverkleiden!
Kenne wohl dich, Pau-Puk-Keewis!«

Schlugen sie ihn wund mit Keulen,
Tot den armen Pau-Puk-Keewis,
Stampften ihn, wie Mais gestampft wird,
Bis sein Schädel war zerschmettert.

Schlank und schwank sechs lange Jäger,
Trugen ihn auf Stangen heim nun,
Trugen heim den Leib des Bibers;
Doch der Geist der Jeebi in ihm,
Dacht' und fühlte wie er selbst noch,
Lebte fort als Pau-Puk-Keewis.

Und er schwirrt', und stritt, und strebte,
Wallend hierhin, wallend dorthin,
Wie der Vorhang eines Wigwams
Ringt mit seinen Hirschfellriemen,
Wenn der Winterwind am Wehn ist;
Bis er dicht sich zog zusammen,
Bis er aufstand aus dem Leibe,
Bis er nahm Gestalt und Züge
Des verschlagnen Pau-Puk-Keewis
Abwärts in den Forst verschwindend.

Doch der kluge Hiawatha
Sah den Flücht'gen, eh' er hinschwand,
Sah den Geist des Pau-Puk-Keewis
Gleiten in den weichen Schatten,
In den bläulichen, der Föhren:
Auf die lichten Stellen jenseits,
Auf 'ne Öffnung zu im Forste
Rauscht' und keucht' er wie ein Sturmwind,
Beugend alle Zweige vor sich;
Und, wie Regen folgt dem Winde,
Also hinter ihm, verfolgend,
Rauschten Hiawathas Schritte.

Zu 'nem See mit vielen Inseln
Atemlos kam Pau-Puk-Keewis,
Wo einherschwamm zwischen Lilien
Pishnekuh, die Schneegansherde,
Segelnd durch die Röhrichtbüschel,
Steuernd durch die schilf'gen Inseln.
Jetzt die breiten schwarzen Schnäbel
Hoben sie, gleich dann versinkend;
Wurden dunkel jetzt im Schatten,
Hell dann wieder in der Sonne.

»Pishnekuh!« rief Pau-Puk-Keewis,
»Pishnekuh! ihr meine Brüder!
Macht auch mich zu einer Schneegans,
Blank von Hals und blank von Federn,

Macht mich groß und macht mich größer,
Zehnmal größer als die andern!«

Machten sie ihn stracks zur Schneegans,
Mit zwei großen dunkeln Schwingen,
Mit 'ner Brust glatt und gerundet,
Mit 'nem Schnabel wie zwei Schaufeln,
Machten größer ihn als alle,
Zehnmal größer als die größte,
Grad' als, rufend aus dem Forste,
Ans Gestad trat Hiawatha.

Stiegen sie mit Schrein und Schnattern,
Mit Geschwirr und Flügelschlagen;
Stiegen von den schilf'gen Inseln
In die Höh' sie aus den Lilien.
Und sie sagten: »Pau-Puk-Keewis,
Sieh' nicht unter dich im Fliegen,
Nimm in acht dich, sieh' nicht nieder,
Daß kein Unfall sich ereigne,
Nicht ein Mißgeschick dich treffe!«

Flogen schnell und fern sie nordwärts,
Schnell und fern durch Duft und Sonne,
Nährten sich in Moor und Marschland,
Schliefen zwischen Rusch und Röhricht.

Als sie zogen so des Morgens,
Von des Südens Wind getragen,
Fortgeweht vom Wind des Südens,
Der sich auftat hinter ihnen,
Der sie anblies frisch und kräftig,
Stieg empor ein Ton von Stimmen,
Stieg empor ein Schrein und Rufen,
Auf von eines Dorfes Hütten,
Auf von Leuten Meilen abwärts.

Denn im Dorf die guten Leute
Sahn erstaunt die Schneegansherde,

Sahn die Schwingen Pau-Puk-Keewis'
Wehn und klappen hoch im Luftraum,
Breiter als zwei Türvorhänge.

Pau-Puk-Keewis hört ihr Rufen,
Kannte Hiawathas Stimme,
Kannt' Jagoos lauten Ausschrei,
Und, der Warnung ganz vergessend,
Zog den Hals er ein, sah nieder,
Und der Südwind, der ihm nachblies,
Faßte seinen mächt'gen Fächer,
Sandt' ihn kreisend, wirbelnd abwärts.

Rang vergebens Pau-Puk-Keewis,
Sich zu bringen in die Schwebe!
Wirbelnd rund und rund und abwärts,
Sah er unten jetzt das Dörfchen,
Sah er oben jetzt die Herde,
Sah das Dorf er näher kommen,
Sah er ferner stets die Herde,
Hört' er lauter stets die Stimmen,
Das Geruf und das Gelächter;
Sah er dann nicht mehr die Herde,
Sah nur unten noch die Erde;
Und tot aus dem leeren Himmel,
Mitten in den Kreis der Rufer,
Schweren Falls und dumpfen Schalles,
Tot und mit zerbrochnen Schwingen
Niederfiel die große Schneegans.

Doch sein Hauch, sein Geist, sein Schatten
Lebte noch als Pau-Puk-Keewis,
Nahm Gestalt und Züge wieder
An des schmucken Yenadizze,
Stürzte rauschend wieder fürbaß,
Hiawatha gleich ihm folgend,
Rufend: »Ist so weit die Welt nicht,
Ist so lang und rauh der Weg nicht,

Daß mein Zorn dich nicht ereile,
Meine Rache dich nicht fasse!«

Und so nah kam er, so nah ihm,
Daß die Hand er schon entreckte,
Schon die rechte Hand, zu fahn ihn,
Als der list'ge Pau-Puk-Keewis
Wirbelnd sich in Kreisen drehte,
Einen Wirbelwind entfachte,
Staub und Blätter in die Luft warf,
Und in Wirbeln und Gewölk so
Sprang in einen hohlen Eichbaum,
In ein Schlänglein rasch sich wandelnd,
Schlüpfend rasch durch Wust und Wurzel.

Mit der Rechten Hiawatha
Schlug machtvoll den hohlen Eichbaum,
Riß ihn ganz zu Span und Splitter,
Ließ ihn liegen dort in Trümmern.
Doch umsonst; denn Pau-Puk-Keewis,
Wieder als ein Mensch gestaltet,
Sichtbar, floh und lief voraus ihm,
Eilt' hinweg in Sturm und Windstoß,
Eilt' am Ufer Gitche Gumees,
Westwärts längs dem Groß-See-Wasser,
Eilt' und kam zum fels'gen Vorland,
Kam zu den Bemalten Felsen,
Den Bemalten Sandsteinfelsen,
Ausschau'nd über See und Landschaft.

Und der alte Mann des Berges,
Er der Manito der Berge,
Tat weit auf sein felsig Bergtor,
Weit auf seine tiefen Schlünde,
Gab Zuflucht dem Pau-Puk-Keewis
In den Höhlen trüb und traurig,
Hieß willkommen Pau-Puk-Keewis
Seinem finstern Haus von Sandstein.

Draußen dort stand Hiawatha,
Fand das Tor für sich geschlossen,
Nahm die Handschuh, Minjekahwun,
Hieb sich Höhlen in den Sandstein,
Rief ganz laut im Ton des Donners:
»Öffne! Ich bin Hiawatha!«
Doch der alte Mann des Berges
Tat nicht auf, gab keine Antwort
Aus den stummen Sandsteinklippen,
Aus der Felsen finsterm Abgrund.

Hub der Held drauf seine Hände,
Hub' die Händ' er auf zum Himmel,
Rief mit lautem Flehn den Sturm an,
Rief Waywassimo, den Blitzstrahl,
Und den Donner, Annemeekee;
Und sie nahn mit Nacht und Dunkel,
Fegen übers Groß-See-Wasser
Von den fernen Donnerbergen;
Und mit Zittern Pau-Puk-Keewis
Hört des Donners dumpfe Schritte,
Sieht des Blitzes rote Augen,
Ist entsetzt, und bebt, und lauert.

Drauf Waywassimo, der Blitzstrahl,
Schlug des Höhlengrundes Türweg,
Schlug das Tor mit seiner Kriegskeul',
Schlug der Sandsteinklippen Vorsprung.
Und der Donner, Anemeekee,
Jauchzt' hinab tief in die Höhlen,
Rufend: »Wo ist Pau-Puk-Keewis?«
Und der Fels fiel ein, und drunter
Tot nun zwischen Schutt und Trümmern
Lag der list'ge Pau-Puk-Keewis,
Lag der schmucke Yenadizze,
Diesesmal in seiner eignen
Menschlichen Gestalt erschlagen.

Aus nun seine wilden Fahrten,
Aus nun seine tollen Streiche,
Aus nun alle seine Listen,
Aus nun all' sein Unheilstiften,
All' sein Spielen, all' sein Tanzen,
All' sein Werben um die Mädchen!

Nahm darauf mein Hiawatha
Seine Seele, seinen Schatten,
Sprach und sagte: »Pau-Puk-Keewis!
Nie in menschlicher Gestalt mehr
Sollst auf Abenteu'r du ausgehn;
Niemals mehr mit Scherz und Lachen
Staub und Laub in Wirbel tanzen;
Sollst von nun an dort am Himmel
Schweben und in Kreisen segeln;
Will zum Adler ich dich machen;
Sei Keneu, der große Kriegsaar,
Herr der Vögel all' mit Federn,
Herr der Küchlein Hiawathas!«

Und der Name Pau-Puk-Keewis
Weilt noch heute bei den Leuten,
Weilt noch heute bei den Singern,
Den Erzählern von Geschichten;
Und im Winter, wenn die Flocken
Wirbelnd kreisen um die Hütten,
Wenn der Wind in wildem Aufruhr
Ob der Rauchflucht pfeift und winselt, Heißt es: »Da
kommt Pau-Puk-Keewis!
Tanzt er wirbelnd durch das Dorf hin,
Tut er ein sich seine Ernte!«

XVIII

Der Tod des Kwasind

Weit und breit flog durch die Völker
Name nun und Ruhm des Kwasind;
Niemand mochte stehn dem Kwasind,
Niemand messen sich mit Kwasind.
Nur die boshaften Puk-Wudjies,
Neidisch sie die kleinen Leute,
Sie die Feen und sie die Zwerge
Schlossen wider ihn ein Bündnis.

Sprachen sie: »Wenn dieser Kwasind,
Dieser Hassenswerte, Starke,
Dieser Bursch groß und gewaltig,
Etwas länger also fortmacht,
Brechend alles, was er anrührt,
Reißend jegliches in Stücke,
Füllend rings die Welt mit Staunen,
Was denn wird aus den Puk-Wudjies?
Wer denn sorgt für die Puk-Wudjies?
Niedertreten uns wie Pilze,
Treiben wird er uns ins Wasser,
Wird zu essen unsre Leiber,
Den verruchten Nee-ba-naw-baigs
Geben auch, des Wassers Geistern!«

Also stifteten Verschwörung
Die erzürnten kleinen Leute
Wider ihn, den äußerst Starken;
Wurden einst, zu morden Kwasind,
Aus der Welt zu schaffen Kwasind,
Ihn den kühnen, übermüt'gen,
Den gefährlichen, stolzen Kwasind.

Nun war diese Kraft des Kwasind
Ganz allein in seinem Haupte;

War im Haupt auch seine Schwäche;
Dort nur war er zu verwunden;
Konnte sonst ihm keine Waffe
Wehtun, keine sonst ihn schäd'gen.

Und selbst da die einz'ge Waffe,
Zu verwunden ihn, zu töten,
War der Tanne Samenzapfen,
War der bläuliche der Föhre.
Dies war das Geheimnis Kwasinds,
Keinem Sterblichen bekannt es;
Wußten nur die listigen Kleinen,
Die Puk-Wudjies, das Geheimnis,
Sie den Weg nur ihn zu töten.

So denn sammelten sie Zapfen,
Samenzapfen sie der Tanne,
Blaue Zapfen auch der Föhre,
In dem Forst am Taquamenaw;
Brachten sie zum Rand des Flusses,
Türmten sie in große Haufen,
Wo vom Strand die roten Felsen
Überhangend in den Strom schaun.
Dorten harrten sie des Kwasind,
Die boshaften kleinen Leute.

War's ein Nachmittag im Sommer;
War die Luft sehr heiß und stille,
Äußerst glatt der zieh'nde Waldfluß,
Regungslos die schlafenden Schatten;
Käfer blitzten in der Sonne,
Liefen Schlittschuh auf dem Wasser,
Füllten mit Gesumm die Luft an,
Mit weit wiederhallendem Kriegsruf.

Ab den Waldfluß kam der Starke,
In dem Boot aus Birke Kwasind,
Schwimmend langsam mit der Strömung
Des verdrossnen Taquamenaw,

Äußerst matt vom heißen Wetter,
Äußerst schläfrig von der Stille.

Leise von den hangenden Ästen,
Von der Birke müden Büscheln,
Ließ herab der Geist des Schlafs sich;
Von der luft'gen Schar umgeben
Seiner unsichtbaren Diener,
Kam der Geist des Schlafs, Nepahwin:
Wie die sprüh'nde Dush-kwo-ne-she,
Wie 'ne Wasserjungfer, schwebt' er
Über Kwasinds dumpfem Haupte.

Kam in Kwasinds Ohr ein Murmeln,
Wie der Flut an einem Seestrand,
Wie fernab sich wälzender Wasser,
Wie des Windes in den Tannen:
Und er fühlt' auf seiner Stirne
Schläge kleiner luftiger Keulen,
Von der Schlummerschar geschwungen
Des Nepahwin, – fühlt' ihr Schlagen,
Wie ein Atmen in sein Antlitz.

Bei dem ersten Schlag der Keulen
Überfiel ihn jach ein Schläfern;
Bei dem zweiten, den sie führten,
Ruhte regungslos sein Ruder;
Bei dem dritten schwamm die Gegend
Dunkel rings vor seinen Augen:
Äußerst fest im Schlaf war Kwasind.

So schwamm er hinab den Waldfluß,
Wie ein Blinder sitzend aufrecht,
Schwamm hinab den Taquamenaw,
Unterm Dach der Zitterbirken,
Unterm waldbewachsnen Vorland,
Unterm Wall der Kriegsverschanzung
Seiner Feinde, der Puk-Wudjies.

Standen sie, bewehrt und wartend,
Schleuderten hinab die Zapfen,
Trafen seine mächt'gen Schultern,
Trafen aufs wehrlose Haupt ihn.
»Tod dem Kwasind!« war der jähe
Kriegesruf der kleinen Leute.

Und er schwankt' und stürzte seitwärts,
Seitwärts fiel er in den Waldfluß,
Taucht' hinab ins träge Wasser
Häuptlings, wie 'ne Otter eintaucht;
Und das Birkenboot, verlassen,
Trieb den Waldfluß leer hinunter,
Trieb und schwamm, den Kiel nach oben:
Nichts mehr ward gesehn von Kwasind.

Doch des starken Manns Gedächtnis
Weilte lange noch beim Volke,
Und wenn immer durch die Waldung
Sturm des Winters rast' und brüllte,
Und die Äste, wild gerüttelt,
Krachten, stöhnten, und zerbarsten,
Hieß es: »Kwasind! das ist Kwasind!
Rafft er auf im Forst sein Feu'rholz!«

XIX

Die Geister

    Nimmer stößt der schwebende Geier
    Auf sein Stoßwild in der Wüste,
    Kranken oder wunden Bison,
    Daß kein andrer Geier, spähend
    Hoch von seinem luft'gen Lug-aus,
    Sieht den Niederstoß, und nachstößt;
    Und ein dritter folgt dem zweiten,
    Kommt aus unsichtbarem Luftraum,
    Erst ein Fleck und dann ein Geier,
    Bis die Luft schwarz ist von Schwingen.

    So kommt nie das Unglück einzeln;
    Als ob eins des andern harrte,
    Eins des andern Gang erforschte,
    Also, stößt herab das erste,
    Folgen, folgen rasch die andern,
    Stoßen truppweis auf ihr Opfer,
    Das verwundete, das kranke,
    Erst ein Schatten, dann ein Kummer,
    Bis die Luft schwarz ist von Leide.

    Rings nun durch das öde Nordland
    Mächt'ger Peboan, der Winter,
    Hauchend auf die Seen und Flüsse,
    Hatt' in Stein verkehrt ihr Wasser.
    Ab vom Haar warf er die Flocken,
    Bis die Gegend weiß bestreut war,
    Eine einz'ge große Fläche,
    Als ob, bückend sich, der Schöpfer
    Mit der Hand sie glatt gestrichen.

    Durch die Waldung, weit und wehvoll,
    Zog der Jäger auf den Schneeschuhn;
    Mühten sich im Dorf die Weiber,

Stampften Mais, und gerbten Hirschhaut;
Und die jungen Männer spielten
Auf dem Eis das laute Ballspiel,
Auf der Flur den Tanz der Schneeschuh.

Einen Abend, einen dunkeln,
Als die Sonne schon hinab war,
Satz im Wigwam LachendWasser,
Saß mit der Nokomis, harrend
Auf die Schritte Hiawathas,
Des Heimkehrenden vom Jagen.

Schien auf ihr Gesicht das Feu'rlicht,
Färb't es hell mit roten Streifen,
Glänzt' in der Nokomis Augen
Wie das wässrigmatte Mondlicht,
Strahlt' im Auge LachendWassers
Wie der Sonne Strahl im Wasser;
Und im Winkel hinter ihnen
Saßen kauernd ihre Schatten,
Und der Rauch in dunkeln Kränzen
Klomm und trieb sich durch die Rauchflucht.

Ward darauf des Türwegs Vorhang
Sacht von außen her gehoben;
Flackerte für einen kurzen
Augenblick das Feuer heller,
Wehte rasch für einen kurzen
Augenblick der Rauch zur Seite, –
Und leis traten ein zwei Weiber,
Ungeladen durch den Türweg,
Ohne Wort und Spruch des Grüßens,
Ohne Zeichen des Erkennens,
Saßen hin im fernsten Winkel,
Niederkauernd bei den Schatten.
Nach Gewand und äußerm Ansehn
Fremde schienen sie im Dorfe;
Waren blaß und äußerst hager,

Saßen trüb daselbst und schweigend,
Zitternd, kauernd bei den Schatten.

War der Wind es ob der Rauchflucht,
Niedermurmelnd in den Wigwam?
War's die Eul', die Koko-koho,
Herschrei'nd aus dem grausen Forste?
Ganz gewiß sprach eine Stimme
Durch das Schweigen: »Dies sind Leichen,
Leichen angetan mit Kleidern,
Geister nah'nd euch heimzusuchen,
Aus dem Königreich Ponemah,
Aus dem Wohnland des Nachdiesem!«

Heimwärts nun kam Hiawatha,
Von der Jagd im öden Forste,
Mit dem Schnee auf seinen Locken,
Mit dem Rothirsch auf den Schultern.
Zu den Füßen LachendWassers
Warf er seine tote Bürde;
Edler schien er ihr und schöner,
Als da er zuerst sie frei'n kam,
Vor sie hin zuerst den Hirsch warf,
Als ein Zeichen seiner Wünsche,
Als Verheißung des Zukünft'gen.

Umschau'nd drauf, sah er die Fremden,
Kriechend, kauernd bei den Schatten:
Sagte zu sich selbst: »Wer sind sie?
Eigne Gäste hat mein Weib da!«
Doch befragt' er nicht die Fremden,
Hieß sie freundlich nur willkommen
Seiner Hütte, seinem Herde,
Seinem Trank und seiner Speise.

Als das Abendmahl bereit war,
Als zerlegt nun war der Rothirsch,
Sprangen her die bleichen Gäste,
Her zum Mahl aus ihren Schatten,

Nahmen sich die schönsten Stücke,
Nahmen selbst das weiße Fett sich,
Hingestellt für LachendWasser,
Für die Gattin Hiawathas;
Ohne Fragen, ohne Danken
Gierig aßen sie die Bissen,
Flohn zurück dann zu den Schatten
In des Wigwams fernstem Winkel.
Nicht ein Wort sprach Hiawatha,
Regungslos blieb die Nokomis,
Unbeweglich LachendWasser;
Keines auch verzog 'ne Miene;
Minnehaha nur mit Flüstern
Sagte: »Sie sind ausgehungert!
Laßt sie tun, was ihnen ansteht!
Essen sie, denn sie sind hungrig!«

Mancher Tag ward hell und finster,
Mehr als eine Nacht mit Schütteln
Warf das Licht des Tages von sich,
Wie den Schnee die Tanne schüttelt
Von der Mitternacht der Zweige;
Sahen Tag für Tag die Gäste
Schweigend, regungslos im Wigwam;
Doch bei Nacht – ob Sturm, ob Sternlicht –
Gingen fürbaß in den Forst sie,
Brachten Feu'rholz in den Wigwam,
Tannenzapfen zum Verbrennen,
Immer trüb und immer schweigend.

Und wenn immer Hiawatha,
Kam vom Fischen, kam vom Jagen,
Wenn das Abendmahl bereit war,
Ausgeteilt auch war die Speise,
Dann, entgleitend ihrem Winkel,
Huschten her die bleichen Gäste,
Nahmen sich die schönsten Bissen,
Hingesetzt für LachendWasser,

Flohn zurück drauf zu den Schatten,
Unbefragt und ohne Rüge.

Nie ein einzig Mal getadelt,
Sei's mit Worten, sei's mit Blicken,
Hatte sie mein Hiawatha;
Nie ein einzig Mal Nokomis
Durch Bewegung, durch Gebärde
Ungeduldig sich erwiesen;
Nimmermehr auch LachendWasser
Zorn gezeigt ob der Beleid'gung.
Alles trugen sie in Schweigen,
Daß das Recht von Gast und Fremdling,
Daß der Wert des freien Gebens
Nicht durch einen Blick geschmälert,
Durch ein Wort nicht sei gebrochen.

In der Nacht einst Hiawatha,
Immer wach und immer wachsam,
Hört' im Wigwam, (trüb erleuchtet
Von den Bränden, die noch glommen,
Von dem unstet glüh'nden Feu'rlicht,)
Hört' ein Seufzen, wiederholt oft,
Hört' ein Schluchzen, wie des Kummers.

Auf vom Pfühl stand Hiawatha,
Auf von seinen Bisonhäuten,
Stieß beiseit den Hirschfell-Vorhang,
Sah die Blassen, sie die Gäste,
Aufrecht da auf ihren Lagern,
Weinend in der stillen Nachtzeit.

Und er sprach: »Was ist's, o Gäste,
Daß so traurig euer Herz ist,
Daß ihr also schluchzt zur Nachtzeit?
Hat vielleicht euch die Nokomis,
Hat mein Weib, die Minnehaha,
Durch Unfreundlichkeit gekränkt euch,
Ihrer Wirtespflicht ermangelnd?«

Weinten drauf nicht mehr die Gäste,
Hörten auf zu schrein, zu klagen,
Redeten mit sanften Stimmen:
»Wir sind Geister der Geschiednen,
Derer, die einst mit euch waren.
Aus den Reichen Chibiabos'
Kamen her wir dich zu prüfen,
Kamen her wir dich zu warnen.

»Leid und Wehgeschrei erreicht uns
Auf den Inseln der Glücksel'gen;
Schrei des Jammers der Lebend'gen
Nach den Freunden, die geschieden,
Trübt uns mit unnöt'gem Kummer.
Deshalb sind wir hergekommen,
Dich zu prüfen, zu versuchen;
Niemand kennt uns, niemand merkt uns.
Wir sind nichts als eine Last euch;
Die Geschiednen, sehn wir, haben
Keine Statt bei den Lebend'gen.

»Denk' an dies, o Hiawatha!
Sprich davon zu allem Volke,
Daß von nun an und für immer
Niemand mehr mit eiteln Klagen
Der Geschiednen Seelen trübe
Auf den Inseln der Glücksel'gen.

»Legt nicht also schwere Bürden
In die Gräber mehr der Toten!
Nicht mehr solche Wucht von Rauchwerk,
Nicht mehr solche Wucht von Wampum,
Nicht mehr so viel Töpf' und Kessel,
Denn die Seelen nur erdrückt es!
Ganz allein gebt ihnen Speise,
Feuer auch, das ihnen leuchte!

»Vier der Tage währt die Reise
In der Geister Land, der Schatten;

Vier der Nächte muß die Seele
Einsamlich und öd' sich lagern;
Viermal muß ihr Feu'r entflammt sein.
Darum, ist der Leib bestattet,
Laßt ein Feuer, wenn die Nacht kommt,
Viermal auf der Gruft entbrennen,
Daß die Seel' auf ihrer Reise
Nicht entbehre lust'ges Feu'rlicht,
Tappe nicht umher im Dunkeln.

»Leb' denn wohl, o Hiawatha!
Stellten wir dich auf die Probe!
Prüften deines Sinns Geduld wir,
Kränkend dich durch unser Hiersein,
Höhnend dich durch unser Handeln!
Und wir fanden groß und gut dich!
Steh' denn in der größern Prüfung
Steh' denn fest im härtern Kampf auch!«

Als sie schwiegen, fiel und füllte
Jähe Finsternis den Wigwam.
Hiawatha hört' ein Rauschen,
Wie von schleppenden Gewanden
Hörte, wie des Türwegs Vorhang
Eine unsichtbare Hand hob,
Fühlte kalt den Hauch der Nachtluft,
Sah 'nen Augenblick das Sternlicht!
Doch die Geister sah er nimmer,
Sah nicht mehr die zieh'nden Seelen
Aus dem Königreich Ponemah,
Aus dem Wohnland des Nachdiesem.

XX

Die Hungersnot

O, der lange trübe Winter!
O, der kalte grimmige Winter!
Immer dicker, dicker, dicker
Fror das Eis auf Seen und Flüssen;
Immer tiefer, tiefer, tiefer
Fiel der Schnee rings auf die Landschaft,
Fiel, und deckte sie, und zischte,
Treibend durch den Wald, ums Dörfchen.

Mühvoll nur aus dem begrabnen
Wigwam einen Weg ins Freie
Bahnen konnte sich der Jäger;
Mit den Handschuhn und den Schneeschuhn
Ging vergebens durch den Wald er,
Späht' umsonst nach Tier und Vogel,
Sah nicht Spur von Hirsch und Häslein,
Keine Stapfen auf der Schneeflur,
Fiel im graunvoll lichten Forste,
Fiel und stand nicht auf vor Schwäche,
Kam dort um vor Kält' und Hunger.

O, der Hunger und das Fieber!
O, des Hungers langsam Zehren!
O, des Fiebers rasch Verheeren!
O, das Wehgeschrei der Kinder!
O, die Qual und Angst der Frauen!

Ausgehungert war die Erde;
Hungrig war die Luft rund um sie,
Hungrig schloß sie ein der Himmel,
Und die Stern' am Himmel, hungrig,
Wie Wolfsaugen glupten an sie.

In den Wigwam Hiawathas
Wieder traten ein zwei Gäste,
Ganz so schweigend wie die Geister,
Ganz so schweigend und so finster;
Harrten nicht bis man sie einlud,
Fragten nicht erst lang am Türweg,
Saßen nieder ohne Willkomm
Auf dem Sitze LachendWassers;
Sahn mit Augen hohl und hager
In das Antlitz LachendWassers;
Und der erste sagte: »Sieh' mich!
Bin der Hunger, Bukadawin!«
Und der andre sagte: »Sieh' mich!
Bin das Fieber, Ahkosewin!«

Und die süße Minnehaha
Schauderte bei ihrem Anschaun,
Schauderte bei ihren Worten,
Legte sich aufs Bett in Schweigen,
Barg ihr Antlitz, gab nicht Antwort;
Lag dort zitternd, frierend, brennend,
Bei der Gäste finsterm Anschaun,
Ihren fürchterlichen Worten.

In den leeren Wald verzweifelnd
Fürbaß stürzte Hiawatha;
War sein Herz tödlichen Grams voll,
War sein Antlitz steinern feste;
Trat auf seine Stirn der Angstschweiß,
Doch gefror, und fiel nicht nieder.

Pelzumhüllt, bewehrt zum Jagen,
Mit dem mächt'gen eschenen Bogen,
Mit dem Köcher voll von Pfeilen,
Mit den Handschuhn, Minjekahwun,
In die weite, wüste Waldung
Vorwärts schritt er auf den Schneeschuhn.

»Gitche Manito, du Mächt'ger!«
Rief er, das Gesicht gehoben,
Rief er aus *die* bittre Stunde:
»Vater, deinen Kindern Nahrung,
Nahrung gib uns, sonst vergehn wir!
Nahrung gib für Minnehaha,
Meine sterbende Minnehaha!«

Durch die weithin hallende Waldung,
Durch die Waldung weit und wüste,
Zog hinaus *der* Schrei des Elends,
Doch zurück kam keine Antwort,
Als der Rückhall seines Rufens,
Als der Widerhall des Waldlands:
»Minnehaha! Minnehaha!«

Bis zum Abend Hiawatha
Schweift' im traurigöden Forste,
Schweift' in ihm, durch dessen Schatten,
In der lust'gen Zeit des Sommers,
Jenes nie vergessnen Sommers,
Heim sein junges Weib er führte
Aus dem Lande der Dacotahs;
Als im Busch die Vögel sangen,
Und die Bächlein lachend blitzten,
Und die Luft voll war von Wohlduft,
Und die süße LachendWasser
Zu ihm sprach mit fester Stimme:
»Ich will folgen dir, mein Gatte!«

In dem Wigwam bei Nokomis,
In der Hut der finstern Gäste,
In des Hungers Hut, des Fiebers,
Lag sie nieder, die Geliebte,
Sie die sterbende Minnehaha.

»Horch!« sprach sie, »ich hör' ein Rausches
Hör' ein Brausen und ein Rauschen,
Hör' die Fälle Minnehahas

Nach mir rufen aus der Ferne!«
»Nein, mein Kind!« sprach die Nokomis,
»'S ist der Nachtwind in den Fichten!«

»Sieh'!« sprach sie, »ich seh' den Vater,
Einsam steh'nd an seinem Türweg,
Winkend mir aus seinem Wigwam
In dem Lande der Dacotahs!«
»Nein, mein Kind!« sprach die Nokomis,
»'S ist der Rauch, der wallt und winket!«

»Oh!« sprach sie, »die Augen Pauguks
Glühn auf mich herab im Dunkeln;
Seine eis'gen Finger fühl' ich
Fassen meine schon im Dunkeln!
Hiawatha! Hiawatha!«

Und trostloser Hiawatha,
Draußen weit im öden Forste,
Meilenweit tief in den Bergen,
Hört' ihn, jenen jähen Angstschrei,
Hörte Minnehahas Stimme,
Wie sie rief nach ihm im Dunkeln:
»Hiawatha! Hiawatha!«

Durch Schneefelder wüst und pfadlos,
Unter schneebeladnen Ästen
Heimwärts eilte Hiawatha,
Leer die Hand und schwer das Herze,
Hörte die Nokomis klagen:
»Wahonomin! Wahonomin!
O, wär' ich für dich gestorben!
O, wär' ich tot, wie es *du* bist!
Wahonomin! Wahonomin!«

Und er stürzt' hinein zum Wigwam,
Sah Nokomis auf und nieder
Wiegen sich und leise wimmern,
Sah die süße Minnehaha

Kalt und leblos vor sich liegen,
Und sein Herz, das übervolle.
Tat so grausen, wilden Wehschrei,
Daß die Waldung schaudernd mitschrie,
Daß die Sterne selbst am Himmel
Zitterten bei seinen Qualen.

Setzt' er still darauf und sprachlos
Auf das Bett sich Minnehahas,
Zu den Füßen Minnehahas,
Jenen willigen, die nimmer
Leicht mehr sollten ihm begegnen,
Nimmer leicht ihm sollten folgen.

Das Gesicht in beiden Händen,
Sieben lange Tag' und Nächte
Wie in Ohnmacht dorten saß er,
Sprachlos, regungslos, nicht wissend,
Ob es Tag sei oder dunkel.

Drauf begruben sie die Tote;
Machten in den Schnee ein Grab ihr,
In dem Forste tief und finster,
Unterm Wehgebraus der Tannen;
Taten an ihr reichst Gewand ihr,
Hüllten sie in ihre Kleider,
In ihr Kleid von Hermelinfell, –
Schnee, wie Hermelin, sie deckend;
So begruben sie die Tote.

Und bei Nacht entbrannt' ein Feuer,
Viermal nachts auf ihrem Grabe,
Für die Seel' auf ihrer Reise
Nach den Inseln der Glücksel'gen.
Sah vom Türweg Hiawatha,
Brennen es im finstern Forste,
Anglühn es die dunkeln Tannen;
Lastend oft sein schlaflos Lager,
Lassend Minnehahas Lager,

Stand und hatt' er acht im Türweg,
Daß im Windhauch es nicht ausgeh',
Nicht die Zieh'nde lass' im Dunkeln.

»Zieh' denn,« sprach er, »Minnehaha!
Lebewohl, mein Lachend Wasser!
Liegt mein Herz mit dir im Grabe,
Wandert mit dir all' mein Denken!
Komm nicht wieder, hier zu mühn dich,
Komm nicht wieder, hier zu leiden,
Wo der Hunger und das Fieber
Dörr'n das Herz, den Leib versehren.
Bald getan ist meine Arbeit,
Bald nun folg' ich deinen Schritten
Nach den Inseln der Glücksel'gen,
In das Königreich Ponemah,
In das Wohnland des Nachdiesem!«

XXI

Des weißen Mannes Fuß

In der Hütte hart am Flusse,
Hart am zugefrornen Flusse,
Saß ein Alter, trüb und einsam.
Weiß sein Haar, wie weh'nder Schneefall;
Niedrig brannt' und matt sein Feuer,
Und er schüttelte vor Frost sich
Tief in seinem Waubewyon,
Der zerrissnen Weißfellhülle,
Hörend nichts als nur den Sturmwind,
Wie entlang den Forst er brüllte,
Sehend nichts als nur den Schneesturm,
Wie er wirbelnd trieb und zischte.

Weiß lag Asche auf den Kohlen,
Und das Feuer starb allmählich,
Als ein Jüngling leicht hereintrat,
Leicht zur offnen Tür hereintrat.
Färbt' ihm Jugendblut die Wangen,
Schien sein Aug', wie Stern' im Lenze;
War sein Haupt mit Gras umwunden,
War mit Gräsern es befiedert;
Wies sein Mund der Schönheit Lächeln,
Füllend rings das Haus mit Sonne;
Trugen Blumen seine Hände,
Füllend rings das Haus mit Wohlduft.

»O mein Sohn!« rief aus der Alte,
»Glücklich ist mein Aug', zu sehn dich!
Setz' dich auf die Matte zu mir,
Setz' dich zur verglüh'nden Asche,
Feiern wir die Nacht zusammen!
Sprich von deinen Abenteuern,
Von den Ländern, wo du reistest;

Ich dafür all' meine Großtat
Melde dir, all' meine Wunder!«

Aus dem Sack die Friedenspfeife
Zog er, alt und fremd geformt sie:
War der Kopf von rotem Steine,
War der Schaft ein Rohr mit Federn!
Füllt' er sie mit Weidenborke,
Legt' er drauf die glüh'nde Kohle,
Reicht' er sie dem Gast, dem Fremden,
Und fing also an zu sprechen:

»Blas' ich um mich meinen Atem,
Atm' ich, hauch' ich auf die Landschaft:
Regungslos sind alle Flüsse,
Hart wie Steine wird das Wasser!«

Und der Jüngling sagte, lächelnd:
»Blas' ich um mich meinen Atem,
Atm' ich, hauch' ich auf die Landschaft:
Blumen blühn auf allen Wiesen,
Singend rauschen hin die Flüsse!«

»Schüttl' ich meine grauen Locken,«
Sprach der Alte, finster blickend,
»Hüllet Schnee sofort die Lande;
Alle Blätter von den Zweigen
Fallen, bleichen, sterben, welken,
Denn ich hauche, und sie sind nicht!
Aus den Wassern, aus den Sümpfen
Steigt die Wildgans, steigt der Reiher,
Fliegt davon nach fernen Strichen,
Denn ich spreche, und sie sind nicht!
Und wo meine Sohle wandert,
Bergen sich des Waldes Tiere
Tief in Gruben und in Höhlen,
Und die Erde wird wie Kiesel!«

»Schüttl' ich meine wallenden Locken,«
Sprach der Jüngling, leise lachend,
»Fallen Schauer, warm, willkommen;
Pflanzen heben froh die Häupter,
Heim zu ihren Seen und Sümpfen
Kehrt die Wildgans, kehrt der Reiher,
Heimwärts schießt der Pfeil, die Schwalbe,
Rotbrust singt und blauer Vogel;
Und wo meine Sohle wandert,
Wallt von Blumen rings die Wiese,
Klingt von Wohllaut rings das Waldland,
Dunkeln rings von Laub die Bäume!«

Als sie sprachen, flohn die Schatten;
Aus den fernen Reichen Wabuns,
Her aus blanker Silberhütte,
Bunt bemalt gleichwie ein Krieger,
Kam die Sonn', und sagte: »Seht mich!
Gheezis, mich, die große Sonne!«

Sprachlos ward des Alten Zunge,
Und die Luft ward warm und lieblich;
Auf dem Wigwam sang die Rotbrust,
Süß auch sang der blaue Vogel,
Und der Fluß begann zu murmeln.
Und ein Duft von jungem Grase
Strömte wonnig durch die Hütte.

Und Segwun, der junge Fremde,
Deutlicher anjetzt bei Tage
Sah das eis'ge Antlitz vor sich;
Es war Peboan, der Winter!

Flossen Tränen ihm von: Auge,
Bächen gleich von Seen, die schmelzen,
Und sein Körper schwand und schrumpfte,
Wie die jauchzende Sonn' emporstieg,
Bis er ganz in Luft zerflossen,
Ganz verschwunden war im Boden;

Und der Jüngling sahe vor sich
Auf des Wigwams kaltem Herdstein,
Wo das Feuer kaum noch schwelte,
Sah der Lenzzeit frühste Blume,
Sah der Lenzzeit erste Schönheit,
Sah die Miskodeed in Blüte.

So im Norderland nach jener
Bittern, unerhörten Kälte,
So nach jenem harten Winter
Kam der Lenz mit seinem Glänzen,
Seinen Vögeln, seinen Blüten,
Seinen Blumen, Blättern, Gräsern.

Segelnd mit dem Winde nordwärts,
Zieh'nd einher in großen Herden,
(Ungeheuren Pfeilen ähnlich,
Abgeschossen durch den Himmel),
Kam der Schwan, der Mahnabezee,
Sprechend fast, gleichwie ein Mensch spricht;
Und in langen Reih'n, (gekrümmten,
Wie 'ne Bogenschnur, die durchriß),
Kam die Weißgans, Waw-be-wawa;
Und in Paaren kam und einzeln
Mahng der Taucher, laut von Flügeln,
Kam der blaue Reih'r, Shuh-shuh-gah,
Kam das Moorhuhn, Mushkodasa.

Pfiff im Busch und auf den Wiesen
Blauer Vogel nun, Owaissa;
Auf den Firsten rings der Hütten
Sang die Rotbrust, die Opechee;
Im Gezweig der Tannenbäume
Girrt' Omeme, sie die Taube:
Und der trübe Hiawatha,
Sprachlos er in seinem Kummer,
Hörte sich von ihnen rufen.
Trat hinaus zum dunkeln Türweg,

Stand und starrte auf den Himmel,
Auf die Erde, auf das Wasser.

Nun von seiner Wandrung ostwärts,
Aus den Gegenden des Morgens,
Aus dem hellen Lande Wabuns
Kehrte heimatwärts Jagoo,
Großer Wandrer, großer Prahler,
Voll von neuen Abenteuern,
Voll von Fabeln, voll von Wundern.

Und im Dorf die Leute lauschten,
Lauschten, wie er nun erzählte
Seine wunderbaren Fahrten,
Lachten laut, und sprachen also:
»Ugh! es ist fürwahr Jagoo!
Niemand sonst sieht solche Wunder!«

Und er sprach: »Ich sah ein Wasser,
Größer als das Groß-See-Wasser,
Breiter als der Gitche Gumee,
Bitter, niemand könnt' es trinken!«
Sahn sich lächelnd an die Krieger,
Sahn sich lächelnd an die Weiber,
Sagten: »Nimmer kann es sein so!«
Sagten: »Kaw! nicht kann es sein so!«

Über dieses Wasser, sagt' er,
Kam ein großes Boot mit Flügeln,
Flog ein großes Boot mit Schwingen,
Größer als ein Wald von Tannen,
Höher als die höchsten Wipfel!
Und die Weiber und die Greise
Sahn sich an mit lust'gem Kichern,
Sagten: »Kaw! Ja, wer es glaubte!«

Sagt' er, aus dem Mund des Bootes,
Dieses Bootes, ihn zu grüßen,
Kam Waywassimo, der Blitzstrahl,

Kam der Donner, Annemeekee!
Und die Krieger und die Weiber
Lachten herzlich des Jagoo,
Sagten: »Kaw! was für Geschichten!«

In ihm, sagt' er, kamen Leute;
In dem großen Boot mit Schwingen
Kamen, sagt' er, hundert Krieger;
Weiß gemalt war aller Antlitz,
Und ihr Kinn bedeckt mit Haaren!
Und die Krieger und die Weiber
Jauchzten laut, und lachten höhnisch,
Wie die Raben auf den Wipfeln,
Wie die Krähen auf der Tanne.
»Kaw!« rief alles, »was für Lügen!
Denke nicht, daß wir dir glauben!«

Hiawatha nur nicht lachte;
Ernsthaft sprach er, und gab Antwort
Ihrem Scherzen, ihrem Spotten:
»Wahr ist, was Jagoo meldet;
Selber sah ich's im Gesichte,
Sah das große Boot mit Schwingen,
Sah das Volk mit weißem Antlitz,
Sah das Kommen dieses bärt'gen
Volks im holzgebauten Schiffe
Aus den Gegenden des Morgens,
Aus dem hellen Lande Wabuns.

»Gitche Manito, der Mächt'ge,
Er der große Geist, der Schöpfer,
Schickt sie her als seine Boten,
Als die Träger seines Auftrags.
Wo sie wandeln – her vor ihnen
Schwärmt die Stechflieg', arger Ahmo,
Schwärmt die Honigmacherin Biene.
Wo sie schreiten – unter ihnen
Sprießt 'ne Blume, fremd uns Roten,
Sprießt der Weißmannsfuß in Blüte.

»Heißen wir sie denn willkommen,
Grüßen sie als Freund' und Brüder,
Bieten rechte Hand der Freundschaft,
Wenn sie kommen, diesen Fremden!
Gitche Manito, der Mächt'ge,
Sagte dies mir im Gesichte.

»Sah ich gleichfalls im Gesichte
Des Zukünftigen Geheimnis,
Jener Tage, die noch fern sind;
Sah der unbekannten Völker
Dichtgedrängten Zug nach Westen.
Rings das Land war voll von Menschen,
Rastlos, kämpfend, schaffend, strebend,
Viele Zungen redend, dennoch
Einen Herzschlag nur im Busen.
Klangen allwärts ihre Äxte,
Rauchten allwärts ihre Städte,
Zischten über Seen und Flüsse
Allwärts ihre Donnerboote.

»Ein Gesicht dann, finstrer, trüber,
Sah ich, schattenhaft und wolkig!
Unsre Völker sah zerstreut ich,
Alles meines Rats vergessend,
Schwach, und miteinander kriegend;
Sah die letzten unsres Volkes
Westwärts schweifend, wild und wehvoll,
Wie die Wolke, die der Sturm treibt.
Wie das welke Laub im Herbste.

XXII

Hiawathas Scheiden

An den Ufern Gitche Gumees,
An dem blanken Groß-See-Wasser,
Vor dem Türweg seines Wigwams,
In der luft'gen Sommerfrühe
Stand und harrte Hiawatha.

Rings die Luft war voll von Frische,
Rings die Erde licht und freudig,
Sieh', und vor ihm in der Sonne,
Westwärts nach dem nahen Forste,
Zog in goldnem Schwarm der Ahmo,
Zog die Honigmacherin Biene,
Brennend, singend in der Sonne.

Schien der Himmel leuchtend ob ihm,
Dehnte flach der See sich vor ihm;
Aus der Tiefe sprang der Hausen,
Blitzend, schimmernd in der Sonne;
Auf dem Ufer stand der große
Forst, zurückgestrahlt vom Wasser;
Jeder Wipfel sah sein Abbild
Regungslos tief unterm Wasser.

War von Hiawathas Stirne
Jede Spur des Grams verschwunden,
Wie der Nebel weg vom Wasser,
Wie der Duft weg von der Wiese.
Und mit heiterm, stolzem Lächeln,
Mit dem Blicke des Frohlockens,
Wie ein Mann, der im Gesichte
Sieht, was noch nicht ist, doch sein wird,
Stand und harrte Hiawatha.

Hub zur Sonn' er seine Hände,
Wider sie die flachen Hände,
Und durch die getrennten Finger
Fiel das Licht auf seine Züge
Streifig auf die nackten Schultern,
Wie es streifig färbt 'nen Eichbaum
Durch zerklüftet Laub und Astwerk.

Übers Wasser fliehend, fliegend,
Etwas in der duft'gen Ferne,
Etwas in des Morgens Nebeln,
Taucht' und hob sich aus dem Wasser,
Schien zu fließen, schien zu fliegen,
Näher kommend, näher, näher.

War es Shingebis, der Taucher?
War's der Pelikan, der Shada?
War's der Reiher, der Shuh-shuh-gah?
War's die Weißgans, Waw-be-wawa,
Mit dem Wasser triefend, blitzend
Ab den glatten Hals, die Federn?

War es weder Gans noch Taucher,
Weder Pelikan noch Reiher,
Fließend, fliegend übers Wasser,
Durch den lichten Duft des Morgens:
War's ein Birkenboot mit Rudern,
Bald sich hebend, bald sich senkend,
Triefend, blitzend in der Sonne;
Und ein Volk kam in dem Boote
Aus dem fernen Lande Wabuns,
Aus des Morgens fernsten Reichen;
Kam in ihm der Schwarzrockhäuptling,
Er der Priester des Gebetes,
Er das Blaßgesicht, der Seher,
Mit den Führern und Gefährten.

Und der edle Hiawatha,
Hoch aufhebend seine Hände,

Hoch als Zeichen des Willkommens,
Wartete voll stolzer Freude,
Bis das Birkenboot mit Rudern
Knirrte auf die blanken Kiesel,
Strandete am sand'gen Ufer,
Bis im Boot der Schwarzrockhäuptling,
Bis das Blaßgesicht, der Seher,
Mit dem Kreuz auf seiner Brust vorn,
Landete am sand'gen Ufer.

Drauf der freud'ge Hiawatha
Rief laut, und sprach solchermaßen:
»Schön, ihr Fremden, ist die Sonne,
Da so weit ihr zu uns herkommt!
Harrt auf euch die Stadt in Frieden,
Alle Türen stehn euch offen,
Tretet ein in alle Wigwams:
Unsres Herzens Rechte grüßt euch!

»Blühte nie so froh die Erde,
Nimmer schien so hell die Sonne,
Als sie heute blühn und scheinen,
Da so weit ihr zu uns herkommt!
Niemals war der See so ruhig,
Nie so frei von Fels und Sandbank;
Euer Boot, als es heranfuhr,
Fernte beide, Fels und Sandbank!

»Nie noch duftete so lieblich
Der Tabak in unsern Pfeifen,
Waren nie so schön zu sehen
Unsrer Maisflur breite Blätter,
Als sie scheinen diesen Morgen,
Da so weit ihr zu uns herkommt!«

Antwort gab der Schwarzrockhäuptling,
Stammelnd etwas in der Rede,
Worte redend, annoch fremd ihm:
»Friede mit dir, Hiawatha,

Mit dir selbst und deinem Volke,
Des Gebets und der Vergebung,
Christi Friede und Marias!«

Drauf der edle Hiawatha
Ging und führete die Fremden,
Alle sie in seinen Wigwam,
Hieß sie setzen sich auf Bison-,
Setzen sich auf Wieselfelle,
Und die sorgende Nokomis
Brachte Mahl in Baßholz-Schalen,
Wasser auch in Birkenschüsseln,
Brachte noch das Calumet, die
Friedenspfeife, wohl gefüllt sie,
Angezündet auch zum Rauchen

Alle Greise nun des Dorfes,
Alle Krieger nun des Volkes,
Alle Jossakeeds, die Seher,
Alle Zaubrer, die Wabenos,
Alle Medas, die Arzneier,
Kamen, hießen sie willkommen;
Sagten: »Es ist gut, o Brüder,
Daß so weit ihr zu uns herkommt!«

Um die Tür in weitem Kreise
Mit den Pfeifen saßen stumm sie,
Warteten, zu sehn die Fremden,
Zu empfangen ihre Botschaft;
Bis zuletzt der Schwarzrockhäuptling,
Er das Blaßgesicht, der Seher,
Aus dem Wigwam trat, sie grüßend,
Stammelnd etwas in der Rede,
Worte redend, annoch fremd ihm;
»Es ist gut,« hieß es, »o Brüder,
Daß so weit ihr zu uns herkommt!«

Sagte drauf der Schwarzrockhäuptling,
Er das Blaßgesicht, der Seher,

Seine Botschaft an dem Volke,
Sprach vom Sinne seiner Sendung,
Von Maria, ihr der Jungfrau,
Ihrem Sohne, dem Erlöser,
Wie in ferner Zeit und Gegend
Er auf Erden ging, wie wir gehn,
Flehte, fastete, sich mühte;
Wie der Stamm, den Gott verfluchte,
Wie die Juden ihn verhöhnten,
Geißelten, ans Kreuz ihn schlugen;
Wie er auferstand, von wo sie
Ihn begruben, drauf einherging
Wiederum mit seinen Schülern,
Und auffuhr sodann zum Himmel.

Und die Häuptlinge dagegen
Gaben Antwort, also sprechend:
»Lauschten wir auf eure Botschaft,
Lauschten eurem Wort der Weisheit,
Wollen, was ihr sagt, bedenken!
Es ist gut für uns, o Brüder,
Daß soweit ihr zu uns herkommt!«

Standen auf sie dann, und schieden,
Jeder heim in seinen Wigwam,
Sagten dort den jungen Männern
Und den Frau'n das Wort der Fremden,
Die gesandt der Herr des Lebens
Aus dem lichten Lande Wabuns.

Dumpf und trüb von Hitz' und Schweigen
Ward der Nachmittag des Sommers;
Mit schläfrigem Ton der Urwald
Raunte um den schwülen Wigwam,
Und mit Schlummerton das Wasser
Spülte drunter an den Sandstrand;
Aus der Maisflur, schrill und endlos,
Sang die Heuschreck', Pah-puk-keena;
Und die Gäste Hiawathas,

Müde von des Sommers Hitze,
Schlummerten im schwülen Wigwam.

Langsam auf der Landschaft Brüten
Fiel des Abends Graun und Kühle;
Lang und wagrecht schoß die Sonne
In den Wald die Strahlenspeere,
Brechend seine Schattenschilde,
Zieh'nd durch seine Hinterhalte,
Dickicht, Höhle, Tal durchsuchend;
Stets noch Hiawathas Gäste
Schlummerten im stillen Wigwam.

Auf vom Ort stand Hiawatha,
Nahm Abschied von der Nokomis,
Flüsterte, sprach solchermaßen,
Weckte nicht den Schlaf der Gäste:

»An nun tret' ich, o Nokomis,
Eine lange, ferne Reise,
Hin zum Tor des Sonnenhingangs,
In die Gegenden des Heimwinds,
Des Nordwestes, des Keewaydin.
Aber, die zurück ich lasse,
Diese Gäste, dir befehl' ich
Ihre Wacht an, ihre Wartung;
Du sieh' zu, daß nichts sie schädigt,
Niemals Fürchten sie belästigt,
Weder Argwohn noch Gefahr auch,
Mangel nicht an Schutz und Nahrung
In der Hütte Hiawathas!«

Fürbaß in das Dorf dann ging er,
Nahm Abschied von allen Kriegern,
Abschied von den jungen Männern,
Sprach zuredend solchermaßen:

»O mein Volk, antret' ich jetzo
Eine lange, ferne Reise;

Viele Monden, viele Winter
Werden kommen, werden schwinden
Eh' ich wieder euch besuche.
Doch zurück lass' meine Gäst' ich;
Lauschet auf ihr Wort der Weisheit,
Lauscht der Wahrheit, die sie künden,
Denn der Herr des Lebens schickt sie
Aus des Lichtes Land, des Morgens!«

Am Gestad stand Hiawatha,
Winkte mit der Hand beim Scheiden;
In das klare, lichte Wasser
Ließ sein Bastboot er zum Segeln;
Von des Uferrandes Kieseln
Schob er es hinaus ins Wasser;
Sagt' ihm flüsternd: »Westwärts! westwärts!«
Und in Eile schoß es vorwärts.

Und die Abendsonne, sinkend,
Steckte rot in Brand die Wolken,
Rot den Himmel, wie 'ne Steppe,
Zog weit übers flache Wasser
Eine einz'ge lange Glanzspur.
Und, wie einen Strom, die Glanzspur
Niederfuhr mein Hiawatha;
Westwärts, westwärts, immer westwärts
In den glüh'nden Sonnenhingang,
In die purpurfarbnen Wolken,
In das Graun des Abends fuhr er.

Und das Volk, vom Uferrande,
Sah ihn schwimmen, steigen, sinken.
Bis das Bastboot schien gehoben
Hoch empor in jenes Glanzmeer,
Bis es einsank in die Dünste,
Wie der Neumond langsam, langsam
Sinkt in purpurfarbner Ferne.

Und sie sagten: »Nun für immer
Lebewohl, o Hiawatha!«
Und die Wälder, schwarz und einsam,
Zitterten durch all' ihr Dunkel,
Seufzten: »Wohl, o Hiawatha!«
Und die Wellen am Gestade,
Schwellend, spülend an die Kiesel,
Schluchzten: »Wohl, o Hiawatha!«
Und der Reiher, der Shuh-shuh-gah,
Her von seinem Nest im Moorland,
Schrie: »Leb' wohl, o Hiawatha!«

Also schied mein Hiawatha,
Hiawatha der Geliebte,
In des Sonnenhingangs Glorie,
In des Abends Purpurnebeln,
Zu den Gegenden des Heimwinds,
Des Nordwestes, des Keewaydin,
Zu den Inseln der Glücksel'gen,
In das Königreich Ponemah,
In das Wohnland das Nachdiesem!

Wörterverzeichnis

Adjidáumo, das rote Eichhorn
Ahdéek, das Renntier
Ahkoséwin, das Fieber
Ahméek, der Biber
Algónkin, ein Tschippewäer[5] *Anneméekee*, der Donner.
Apúkwa, ein Schilfrohr.
Baim-wá-wa, der Ton des Donners.
Bemáhgut, der Traubenwein.
Béna, der Fasan.
Bukadáwin, die Hungersnot.
Cheemáun, ein Boot aus Birkenrinde.
Chetowáil, der Kibitz.
Chibiábos, ein Musiler; Freund des Hiawatha; Herrscher im Land der Geister.
Dahinda, der Ochsenfrosch.
Dush-kwo-né-she, oder
Kwo-né-she, die Wasserjungfer; Libelle.
Esa, Schande über dich; pfui der Schande.
Ewa – yeá, Eia popeia.
Ghéezis, die Sonne.
Gitche Gúmee, das Groß-See-Wasser; der Obere See.
Gitche Mánito, der große
Geist; der Herr des Lebens.
Guskewáu, das Dunkel.
Hiawátha, der Weise, der Lehrer, Sohn Mudjekeewis, des Westwindes und Wenonahs, der Tochter der Nokomis.
Jágoo, ein großer Prahler und Fabler.
Ininewug, Männer oder Bauern im Hohlnapfspiel.
Ishkoodáh, Feuer; ein Komet.
Jéebi, ein Geist.

---

[5] D. h. die Tschippewäer (Ojibways) sind allerdings Algonkins, aber nicht alle Algonkins sind darum Tschippewäer. Die Tschippewäer sind nur einer von den vielen Stämmen der großen Völkerfamilie der Algonlins. F.

Jóssakeed, ein Prophet.
Kabibonókka, der Nordwind.
Kagh, der Igel.
Kágo, laß ab; tu' es nicht.
Kahgahgée, der Rabe.
Kaw, nein.
Kawéen, nein, gewiß nicht.
Kayóshk, die Möwe.
Keégo, ein Fisch.
Keewáhdin, der Nordwestwind, der Heimwind.[6]
Kenábeek, eine Schlange.
Kenéu, der große Kriegsadler.
Kenózha, der kleine Hecht,
Kóko-kóho, die Eule.
Kuntasüo, das Pflaumensteinspiel.
Kwasind, der Starke.
Kwo-né-she, oder *Dush-kwo-né-she*, die Wasserjungfer.
Mahnahbézee, der Schwan.
Mahug, der Taucher.
Mahn-go-táysee, Bravherz, tapfer.
Mahnomonee, der wilde Reis.
Máma, der Specht.
Maskenózha, der Hecht.
Méda, ein Arzneimann.
Meenágha, die Heidelbeere.
Megissóggwon, Perlfeder, ein Zauberer; der Manito des Reichtums.
Meshináuwa, ein Pfeifenträger.
Minjekáhwun, Hiawathas Handschuhe.
Minneháha. LachendWasser; Fall eines Nebenflusses des Mississippi, zwischen Fort Snelling und den St. Antons-Fällen.
Minneháha, LachendWasser; Hiawathas Gattin.

---

[6] Vom Norden und Westen kam die Einwanderung der wilden Stämme, die vor den Europäern und zum Teil noch jetzt das Land inne haben. Darum nennen diese Rothäute den Nordwestwind den Heimwind.« – J. G. Müller »Geschichte der amerikanischen Urreligionen.«

Minne-wáwa, ein angenehmes Geräusch, wie des Windes in den Bäumen.
Mishe-Mókwa, der große Bär.
Mishe-Náhma, der große Stör.
Miskodéed, die Lenz-Schönheit; *Claytonia Virginica.*
Mondámin, der Mais, das Indianerkorn.
Mudjekeewis, der Westwind; Hiawathas Vater.
Mudway-áushka, Ton der Wellen am Gestade.
Mushkodása, das Moorhuhn.
Náhma, der Stör, Hausen.
Náhma-wusk, Speermünze.
Nágow Wúdjoo, die Sanddünen des Oberen Sees.
Nee-ba-náw-baigs, Wassergeister.
Nenemóosha, Liebchen.
Nepáhwin, der Schlaf.
Nokómis, eine Großmutter; Mutter der Wenonah.
Nósa, mein Vater.
Núshka, sieh! sieh!
Odáhmin, die Erdbeere.
Okaháhwis, der Süßwasserhering.
Oméme, die Taube.
Onágon, ein Napf.
Onawáy, wach auf!
Opéchee, das Rotkehlchen, die Rotbrust.
Offéo, der Sohn des Abendsterns.
Owáissa, der blaue Vogel.
Oweenée, die Gattin des Osseo.
Ozawábeek, ein Rundstein aus Erz oder Kupfer im Hohlnapfspiel.
Pah-puk-kéena, die Heuschrecke.
Páuguk, der Tod.
Pau-Puk-Kéewis, der schmucke Yenadizze, der Sturmnarr.
Péboan, der Winter.
Pémican, getrocknetes und zerstampftes Hirsch- oder Büffelfleisch.
Pezhekée, der Bison.
Pishnekúh, die Schneegans.
Ponémah, das Zukünftige, das Nachdiesem.

Pugasaíng, das Hohlnapfspiel.
Puggawaúgun, eine Kriegskeule.
Puk-Wúdjies, wilde Waldmännlein; Zwerge.
Sah-sah-jé-wun, Stromschnellen.
Sáhwa, der Barsch.
Segwún, der Frühling.
Sháda, der Pelikan.
Shahbómin, die Stachelbeere.
Shah-shah, lange vordem; das Vergangene.
Shaugodáya, ein Feiger.
Shawgashée, der Krebs.
Shawondásee, der Südwind.
Shaw-shaw, die Schwalbe.
Shéshebwug, Entchen; Steine im Hohlnapfspiel.
Shingebis, der Taucher; die Tauchente.
Showaín neméshin, habe Mitleid mit mir.
Shuh-shúh-gah, der blaue Reiher.
Soan-getáha, Starkherz.
Subbekáshe, die Spinne.
Suggéma, die Moskito.
Tótem, ein Familienwappen.
Ugh, ja.
Ugudwásh, der Klumpfisch.
Unktahée, der Gott des Wassers.
Wabásso, das Kaninchen; der Norden.
Wabéno-wusk, Schafgarbe.
Wábun, der Ostwind.
Wábun Ánnung, der Stern des Ostens, der Morgenstern.
Wahonómin, ein Ruf des Wehklagens.
Wah-wah-táysee, die Feuerfliege; der Glühwurm.
Wámpum, Muschelperlen.
Waubewýon, ein weißer Pelz; eine Weißfellhülle.
Wáwa, die Wildgans.
Wáwbeek, ein Felsen.
Waw-be-wáwa, die weiße Gans.
Wawonáissa, der Whippoorwill.[7] *Way-mut-kwána*, die

---

[7] Der amerikanische Ziegenmelker: Caprimulgus vociferus.

Raupe.
Wendigoes, Riesen.
Wenónah, Hiawathas Mutter, Tochter der Nokomis.
Yenadizze, ein Müßiggänger und Spieler; indianischer Stutzer.

Über tredition

Eigenes Buch veröffentlichen

tredition wurde 2006 in Hamburg gegründet und hat seither mehrere tausend Buchtitel veröffentlicht. Autoren veröffentlichen in wenigen leichten Schritten gedruckte Bücher, e-Books und audio-Books. tredition hat das Ziel, die beste und fairste Veröffentlichungsmöglichkeit für Autoren zu bieten.

tredition wurde mit der Erkenntnis gegründet, dass nur etwa jedes 200. bei Verlagen eingereichte Manuskript veröffentlicht wird. Dabei hat jedes Buch seinen Markt, also seine Leser. tredition sorgt dafür, dass für jedes Buch die Leserschaft auch erreicht wird.

Im einzigartigen Literatur-Netzwerk von tredition bieten zahlreiche Literatur-Partner (das sind Lektoren, Übersetzer, Hörbuchsprecher und Illustratoren) ihre Dienstleistung an, um Manuskripte zu verbessern oder die Vielfalt zu erhöhen. Autoren vereinbaren direkt mit den Literatur-Partnern die Konditionen ihrer Zusammenarbeit und partizipieren gemeinsam am Erfolg des Buches.

Das gesamte Verlagsprogramm von tredition ist bei allen stationären Buchhandlungen und Online-Buchhändlern wie z. B. Amazon erhältlich. e-Books stehen bei den führenden Online-Portalen (z. B. iBookstore von Apple oder Kindle von Amazon) zum Verkauf.

Einfach leicht ein Buch veröffentlichen: **www.tredition.de**

Eigene Buchreihe oder eigenen Verlag gründen

Seit 2009 bietet tredition sein Verlagskonzept auch als sogenanntes "White-Label" an. Das bedeutet, dass andere Unternehmen, Institutionen und Personen risikofrei und unkompliziert selbst zum Herausgeber von Büchern und Buchreihen unter eigener Marke werden können. tredition übernimmt dabei das komplette Herstellungs- und Distributionsrisiko.

Zahlreiche Zeitschriften-, Zeitungs- und Buchverlage, Universitäten, Forschungseinrichtungen u.v.m. nutzen diese Dienstleistung von tredition, um unter eigener Marke ohne Risiko Bücher zu verlegen.

Alle Informationen im Internet: **www.tredition.de/fuer-verlage**

tredition wurde mit mehreren Innovationspreisen ausgezeichnet, u. a. mit dem Webfuture Award und dem Innovationspreis der Buch Digitale.

tredition ist Mitglied im Börsenverein des Deutschen Buchhandels.

Dieses Werk elektronisch lesen

Dieses Werk ist Teil der Gutenberg-DE Edition DVD. Diese enthält das komplette Archiv des Projekt Gutenberg-DE. Die DVD ist im Internet erhältlich auf **http://gutenbergshop.abc.de**